PROPRIEDADE INDUSTRIAL
&
CONSTITUIÇÃO

As teorias preponderantes e sua interpretação na realidade brasileira

B242p   Barcellos, Milton Lucídio Leão
　　　　Propriedade industrial & Constituição: as teorias preponderantes e sua interpretação na realidade brasileira / Milton Lucídio Leão Barcellos. – Porto Alegre: Livraria do Advogado Editora, 2007.
　　　　139 p.; 23 cm.
　　　　ISBN 978-85-7348-495-3

　　　　1. Propriedade industrial. 2. Constituição. I. Título.

CDU - 347.77

　　　　Índices para o catálogo sistemático:
　　　　Propriedade industrial
　　　　Constituição

(Bibliotecária responsável: Marta Roberto, CRB-10/652)

Milton Lucídio Leão Barcellos

PROPRIEDADE INDUSTRIAL & CONSTITUIÇÃO

As teorias preponderantes e sua interpretação na realidade brasileira

livraria
DO ADVOGADO
editora

Porto Alegre, 2007

© Milton Lucídio Leão Barcellos, 2007

Capa, projeto gráfico e diagramação de
Livraria do Advogado Editora

Revisão de
Betina Denardin Szabo

Direitos desta edição reservados por
Livraria do Advogado Editora Ltda.
Rua Riachuelo, 1338
90010-273 Porto Alegre RS
Fone/fax: 0800-51-7522
editora@livrariadoadvogado.com.br
www.doadvogado.com.br

Impresso no Brasil / Printed in Brazil

Ao meu pai,
pelo carinho e exemplo de
dedicação profissional na área da
propriedade industrial.

A minha mãe,
pelo amor sem fim, apoio e
fonte de inspiração filosófica.

Aos professores: Cezar Saldanha, Eugênio Facchini, Helenara Avancini, Ingo Sarlet, Joaquim Clotet, Juarez Freitas, Lívia Pithan, Newton Silveira, Nythamar de Oliveira, Regina Ruaro, Roque Bregalda, Sérgio Porto, Thadeu Weber, pelo apoio, incentivo e amizade.

Agradeço também a todos que, como mestres, colegas, amigos ou alunos, seja através de suas obras, palestras, conversas ou perguntas, contribuíram para que este trabalho tivesse início, meio e fim.

Prefácio

É para mim enorme satisfação apresentar o presente trabalho de autoria do brilhante advogado Milton Lucídio Leão Barcellos.

Igual satisfação tive ao participar da banca de mestrado do autor, em abril de 2006, na Pontifícia Universidade Católica do Rio Grande do Sul. Na ocasião, a dissertação de mestrado tinha por título "As bases jurídicas da propriedade industrial e a sua interpretação".

Agora, reformulado, o texto se concentra na *Propriedade Industrial & Constituição – As teorias preponderantes e sua interpretação na realidade brasileira*, sempre enfatizando as modernas teorias de William Fisher, Peter Menell, Justin Hughes, Tom Palmer, Josh Lerner e Adam Jaffe e William Landes e Richard Posner.

O grande mérito do trabalho foi o de trazer para o nosso ambiente jurídico as teorias dos autores mencionados, geradas no sistema da *common law* em linguagem com estrutura diversa.

Saiu-se muito bem o autor nessa difícil tarefa de "transplante jurídico", onde concluiu que a nossa Constituição não diverge fundamentalmente das mais modernas teorias.

Assim, o Rio Grande do Sul nos traz mais um ator relevante na área da propriedade intelectual, como nos brindou não há muito com a figura de Maristela Basso.

Estou certo de que o Dr. Milton Lucídio Leão Barcellos não parará por aqui e que o sucesso da presente publicação o impulsionará a prosseguir.

Newton Silveira

Lista de abreviaturas e siglas

ABPI	Associação Brasileira da Propriedade Intelectual
CAFC	Court of Appeals for the Federal Circuit
CDC	Código de Defesa do Consumidor
CF	Constituição Federal
CUP	Convenção da União de Paris
EPO	European Patent Office
INPI	Instituto Nacional da Propriedade Industrial
JPO	Japanese Patent Office
LPI	Lei da Propriedade Industrial
OAMI	Oficina de la Unión Europea
OGM	Organismo Geneticamente Modificado
OMC	Organização Mundial do Comércio
PCT	Patent Cooperation Treaty
PL	Projeto de Lei
SIDA	Síndrome da Imunodeficiência Adquirida
STF	Supremo Tribunal Federal
STJ	Superior Tribunal de Justiça
TJRJ	Tribunal de Justiça do Estado do Rio de Janeiro
TJRS	Tribunal de Justiça do Estado do Rio Grande do Sul
TRF2	Tribunal Regional Federal da 2ª Região
TRIPS/ADPIC	Trade Related Aspects of Intellectual Property Rights
USPTO	United States Patent and Trademark Office

Sumário

1. Introdução 17
2. Evolução histórica da propriedade industrial 21
3. As bases conceituais da propriedade industrial segundo as quatro teorias elementares 27
4. A recepção das teorias pela Constituição Federal de 1988 49
   4.1. A preponderância das teorias nas patentes 50
   4.2. A preponderância das teorias nos desenhos industriais 58
   4.3. A preponderância das teorias nas marcas 60
5. Análise da adequação da legislação infraconstitucional às exigências feitas pela constituição federal de 1988 67
   5.1. As patentes 68
      5.1.1. Licença compulsória de patentes 72
      5.1.2. Escopo de proteção das reivindicações 85
      5.1.3. Questão de suficiência descritiva 86
      5.1.4. Relação das patentes com a legislação antitruste 88
   5.2. Os desenhos industriais 92
      5.2.1. A problemática concessão de registro sem exame de mérito ... 94
   5.3. As marcas 105
      5.3.1. Sistema atributivo ou misto? 105
      5.3.2. Extensão de proteção da marca registrada e correta interpretação do princípio da especialidade 106
      5.3.3. Pluralidade de titulares de marca 107
      5.3.4. Proteção especial ao depositante do pedido de registro de marca . 109
6. Interpretação jurisprudencial das bases da propriedade industrial quando da aplicação da lei aos casos concretos 113
   6.1. Julgamentos envolvendo casos de patentes 114
   6.2. Julgamentos envolvendo casos de desenhos industriais 118
   6.3. Julgamentos envolvendo casos de marcas 123
7. Considerações finais 131
8. Referências bibliográficas 135

O vocábulo "teoria" é usado, as mais das vezes, em oposição a prática, significando neste caso (1) o conhecimento puro, a pura consideração contemplativa, ao passo que prática designa qualquer espécie de atividade fora do conhecimento, especialmente a atividade dirigida ao exterior. Contudo, não há prática alguma (nem em sentido ético, nem em sentido técnico) sem teoria, pois toda prática está ligada a condições previamente dadas e inserta numa ordem dada de antemão, com a qual deve contar e que deve conhecer antecipadamente, sob risco de fracassar.

Walter Brugger
Dicionário de Filosofia. Trad. por Antônio Pinto de Carvalho.
São Paulo: Herder, 1962, p. 520.

1. Introdução

Os direitos de propriedade industrial vêm suscitando diversos questionamentos a respeito de sua extensão e limites, de modo que pesquisar a essência e objetivos de tais direitos se mostra uma tarefa de extrema relevância acadêmica e social.

Se por um lado nota-se uma valorização gradual dos direitos de propriedade industrial, por outro, constata-se ainda escassez de estudos que desenvolvam uma análise sistemática a respeito das teorias que fundamentam a existência desta propriedade imaterial, transportando e enfrentando estas teorias dentro de uma realidade nacional planejada pelo Constituinte Originário.

O objetivo deste trabalho consiste em investigar as bases conceituais que sustentam o sistema de propriedade industrial, limitando-se, ainda, a investigação às patentes, desenhos industriais e marcas, e verificar a atual distância/aproximação entre o sistema idealizado pela nossa Constituição Federal de 1988 e a interpretação das normas constitucionais e infraconstitucionais na atualidade da propriedade industrial nacional.

Partindo da unidade e coerência do sistema jurídico, com destaque para a relevância do estudo das bases da propriedade industrial e sua evolução, busca-se evidenciar o elo de hierarquia, continuidade e interdependência existente entre os princípios constitucionais, com sua força normativa, e o regramento jurídico, focado na eficácia e aplicação vinculada dos princípios constitucionais que orientam a propriedade industrial no que tange à necessária harmonia entre os interesses público e privado envolvidos nas criações legalmente denominadas de "propriedade industrial".

Identificam-se também os princípios constitucionais aplicáveis às diversas espécies dos direitos de propriedade industrial, em especial às marcas, patentes e desenhos industriais, objeto desse estudo, traduzindo a intenção do legislador constituinte ao prever tais direitos no rol do artigo 5º da Carta Magna de 1988.

Nesse contexto a propriedade industrial, nela inserida as marcas, patentes, desenhos industriais, indicações geográficas e repressão à concorrência desleal, conforme estabelecido pela Lei da Propriedade Industrial (Lei nº 9.279/96, art. 2º), possui o seu norte delimitado por dispositivo constitucional tradicionalmente denominado de "programático" prevendo os limites da legislação infraconstitucional ao cumprimento do interesse social e o desenvolvimento tecnológico e econômico do País (CF, art. 5º, inciso XXIX).[1]

A harmonia/conflito dos interesses públicos com os privados se estabelece no momento em que o Estado confere determinada proteção à propriedade industrial, garantindo um direito de propriedade ao particular e, ao mesmo tempo, criando requisitos e restrições à obtenção e ao exercício desse direito de propriedade em atenção aos interesses públicos contidos nos mandamentos constitucionais.

O contraponto entre os interesses públicos e privados está presente em diversos princípios do Direito inseridos na nossa Carta Magna de 1988, destacando-se que o nosso Estado, fundado na valorização do trabalho humano e na livre iniciativa, necessita para a consecução e o cumprimento de suas funções, outorgar/restringir direitos com a finalidade de atender aos interesses sociais e econômicos do País.

Com efeito, dentro de um pensamento sistemático, fundado no princípio da justiça e traçado com base na adequação valorativa e na unidade interior da ordem jurídica, demonstra-se a estreita relação de cogência e vinculação que as normas jurídicas infraconstitucionais relativas aos direitos de propriedade industrial devem guardar em relação aos princípios constitucionais relativos à matéria, visto que, conforme ressaltado, esses direitos de propriedade industrial estão enquadrados como direitos fundamentais e atuam como vetores de orientação e limitação à criação e exigência de novas regras.

Com base nesse estudo, igualmente determinam-se os pontos de tensão constitucional frente à realidade fático-jurídica tendo em vista

---

[1] Por questões metodológicas, o presente trabalho restringiu-se ao aprofundamento da análise dos direitos de propriedade industrial limitados às patentes, desenhos industriais e marcas, analisando tais espécies na ótica constitucional e sob o ponto de vista do enquadramento das teorias da propriedade intelectual difundidas internacionalmente, mas com pouco estudo sistematizado em nosso ordenamento pátrio.

que, conforme destacado, o perfeito balanceamento entre os interesses públicos e privados constitui-se em elemento imprescindível apto a justificar o atual sistema de propriedade industrial corretamente interpretado de acordo com os seus vetores axiológicos.

Para alcançar tais objetivos, o presente estudo faz uma análise histórica da evolução da propriedade industrial, na qual explora-se as justificativas de criação de um sistema jurídico de propriedade para esta espécie de "bem imaterial".

Em seguida, interpreta-se as quatro teorias fundamentais da propriedade intelectual, dando destaque para uma análise a partir das definições de William Fisher, Peter Menell, Justin Hughes e Tom Palmer, delimitando a investigação para a relação destas teorias com marcas, patentes e desenhos industriais.

Posteriormente, inicia-se uma análise da recepção destas teorias pela Constituição Federal de 1988, evidenciando o entendimento nacional quanto à fundamentação lógico-construtiva dos direitos de propriedade industrial.

Um dos grandes desafios está na busca de uma interpretação dos conceitos e objetivos da propriedade industrial em nível nacional, mas sem esquecer que os direitos de propriedade industrial possuem enorme vinculação internacional, sendo que o Brasil é signatário, entre outros acordos, da Convenção da União de Paris para a Proteção da Propriedade Industrial (CUP), há mais de um século, e do Acordo sobre os Direitos de Propriedade Intelectual relacionados ao Comércio (ADPIC ou TRIPS) desde 1994.

Se por um lado a CUP, mesmo depois da sua última revisão de Estocolmo de 1967, mostra-se como uma Convenção mais romântica e sem vinculação comercial direta, de outro lado, o ADPIC ou TRIPS é o marco internacional do reconhecimento da vinculação direta dos direitos de propriedade intelectual com o comércio, tendo sido discutido e aprovado no âmbito da OMC.

Tal deslocamento de abordagem dos direitos de propriedade intelectual traz profundos questionamentos a respeito dos benefícios mundiais ou setoriais quanto ao tratamento da propriedade intelectual frente aos ideais desejados por cada País ou grupo de países, sendo que a abordagem proposta visa identificar como se dá a incidência das teorias aplicáveis às marcas, patentes e desenhos industriais na realidade nacional frente a todo esse contexto.

Os dois capítulos seguintes dedicam-se à análise da legislação infraconstitucional e de decisões judiciais frente ao entendimento das teorias da propriedade industrial recepcionadas pela nossa Constituição Federal de 1988, de modo a buscar uma visão sistemática entre as teorias existentes e a sua expressão prática através do Poder Legislativo e do Poder Judiciário.

Nas considerações finais expõe-se de forma resumida, os resultados alcançados com a pesquisa direcionada à interpretação das teorias da propriedade industrial recepcionadas pelo ordenamento jurídico brasileiro, em uma nítida tentativa de ouvir/auscultar a essência dessas teorias em nível nacional. Isso porque a "visão" é mais limitada e pode induzir equívocos mais freqüentes quanto à essência, enquanto que o objetivo é chegar no núcleo das construções históricas para realizar uma reconstrução atual do que efetivamente entende-se que o texto constitucional projeta para o seu povo na área da propriedade industrial.

2. Evolução histórica da propriedade industrial

A Lei de Veneza de 19 de março de 1474 foi a primeira a ser sancionada que tratava especificamente sobre a concessão de um privilégio temporário, fazendo referência aos "homens com intelecto muito aguçado capazes de inventar e descobrir vários artifícios engenhosos", os quais, para a sua garantia, deveriam depositar o seu "invento ou descoberta" nos Escritórios dos Administradores da Municipalidade.[2]

Dentre as diversas legislações de cada país que se sucederam no campo da obtenção e proteção de patentes, cumpre destacar o Estatuto de Jacques Primeiro de 1623, na Inglaterra; a Lei norte-americana de 10 de abril de 1790 e o próprio Alvará do nosso Príncipe Regente de 28 de abril de 1809.

Este Alvará de Dom João VI de 1809 possuía a seguinte redação para justificar a concessão de monopólios temporários para os inventores:[3]

> O objetivo deste Alvará é o de promover a felicidade pública dos meus vassalos, ficando estabelecido com esse desígnio princípios liberais para a prosperidade do Estado do Brasil, especialmente necessários para fomentar a agricultura, animar o comércio, adiantar a navegação e aumentar a povoação, fazendo-se mais extensa e análoga a grandeza do mesmo Estado, e continua sendo muito conveniente que os inventores e produtores de alguma nova máquina e de invenção de artes gozem do privilégio, além do direito que possam ter ao valor pecuniário que seu serviço estabelece em favor da indústria e das artes. Ordeno que todas as pessoas que estiverem neste caso apresentem o plano de seu novo invento à Real Junta do Comércio e que, reconhecendo a verdade do fundamen-

---

[2] SOARES, José Carlos Tinoco. *Tratado da propriedade industrial – patentes e seus sucedâneos.* São Paulo: Jurídica Brasileira, 1998, p. 76.

[3] BARCELLOS, Milton Lucídio Leão. *O sistema internacional de patentes.* São Paulo: Thompson Iob, 2004, p. 13.

to dele, lhes conceda o privilégio exclusivo de 14 anos, ficando obrigados a publicá-lo para que no fim deste prazo toda a nação goze do fruto desta invenção. Ordeno, outrossim, que se faça uma exata revisão dos que se acham atualmente concedidos, fazendo-se públicos na forma acima determinada e revogando-se os que, por falsa alegação ou sem bem fundadas razões, obtiverem semelhantes concessões.

De acordo com Gama Cerqueira,[4] o Brasil foi o 4º país do mundo a estabelecer a proteção dos direitos do inventor, sendo que o primeiro foi a Inglaterra através do seu Statute of Monopolies (1623); em segundo lugar, mais de um século depois, vieram os Estados Unidos com sua Constituição de 1787 que determinou a competência ao Congresso para legislar sobre a proteção das invenções (primeira lei norte-americana sobre patentes veio a ser promulgada em 1790); em 3º lugar veio a legislação francesa sobre privilégios de invenção de 1791; e em 4º lugar se fez presente o Brasil, ainda Colônia, com o Alvará do Príncipe Regente de 1809.

É claro que, como bem ressalta Gama Cerqueira,[5] a primeira lei brasileira relativa a invenções promulgada após a nossa independência somente teve lugar em 1830, o que colocaria o Brasil como a 13ª nação a adotar legislação protetora das invenções.

O século XIX foi marcado por invenções até hoje importantes em nível mundial, como o telefone (Alexander Graham Bell, Patente nº US 174,465 de 07/03/1876); o motor elétrico (Thomas Davenport, Patente nº US 132 de 25/02/1837); o elevador (Elisha Graves Otis, Patente nº US 31,128 de 15/01/1861); o que pode ser considerado um dos primeiros computadores (Herman Hollerith, Patente nº US 395,782 de 08/01/1889); a primeira lâmpada incandescente (Thomas Alva Edison, Patente nº 223,898 de 27/01/1880), entre outras invenções de grande repercussão mundial.

Note-se que o Brasil também possui invenções de repercussão internacional, sendo signatário originário da Convenção da União de Paris para a Proteção da Propriedade Industrial de 1883,[6] assim como da sua última revisão, denominada de Revisão de Estocolmo de 1967.[7]

---

[4] CERQUEIRA, João da Gama. *Tratado da propriedade industrial*. São Paulo: Revista dos Tribunais, 1982, p. 6.

[5] CERQUEIRA, op. cit., p. 7.

[6] Incorporada ao direito brasileiro através do Decreto nº 9233 de 1884.

[7] Apesar da Revisão de Estocolmo da CUP ter sido ratificada pelo Brasil em 1967, veio a entrar em vigor no direitos interno somente através do Decreto 75.572 de 08/04/1975 ainda em vigor.

Já no caso das marcas, destaca Maitê Cecília Fabbri Moro que "o mais antigo documento que se tem conhecimento sobre marcas de fábrica, de acordo com Pella, é a Carta Real de 1386, dirigida por D. Pedro IV, rei de Aragon, de Valência, de Mallorca, de Cerdeña e Córsega, Conde de Barcelona, de Rosselon e da Cerdaña. Nesta Carta ordenava-se aos tecelões a aposição de marca da cidade em certas peças de tecido, para que as mesmas não fossem objeto de fraudes ou enganos".[8]

De acordo com José Henrique Pierangeli: "Em 1445 surgiram as marcas individuais, sendo os fabricantes de mantas obrigados, por determinação legal, à individualização de seu produto por meio de uma marca ou sinal próprio".[9]

Tinoco Soares destaca que, apesar de inexistir regulamentação protetora das marcas na época, desde o primeiro ser humano presente no planeta é que existe a "marca" no seu sentido identificador e de distinção representada pelas impressões digitais presentes na polpa dos dedos. Já na sua atividade distintiva e identificadora de produtos e serviços, o autor destaca que "uma das mais antigas marcas que ainda se encontra em franca utilização, em todo o mundo, foi adotada em 1757, como sendo o nome civil FRANCESCO CINZANO, para a distinção de produtos vinícolas. Mais tarde, tornou-se também nome de empresa e/ou nome comercial como "FRANCESCO CINZANO & C". e finalmente se limitou ao patronímico "CINZANO".[10]

De acordo com o Ilustre Tratadista acima citado, consultando a obra secular de Affonso Celso, esta traz interessante fato histórico[11] que foi um dos motivadores a dar origem à primeira norma específica sobre a proteção de marcas no Brasil consistente no Decreto n° 2682, de 23 de outubro de 1875.

---

[8] MORO, Maria Cecília Maitê Fabbri. *Direito de Marcas*. São Paulo: Revista dos Tribunais, 2003, p. 26-27.

[9] PIERANGELI, José Henrique. *Crimes contra a propriedade industrial e crimes de concorrência desleal*. São Paulo: Editora Revista dos Tribunais, 2003.

[10] SOARES, José Carlos Tinoco. *Tratado da Propriedade Industrial*: marcas e congêneres. v.1. São Paulo: Editora Jurídica Brasileira, 2003, p. 22.

[11] O caso citado por Tinoco Soares, buscando subsídios na obra de Affonso Celso, diz respeito à violação (se é que podemos falar assim, pois na época a conduta não era tipificada) indiscriminada pela empresa Moreira & Cia. Da marca RAPÉ AREA PRETA de titularidade da empresa Meuron & Cia. Da Bahia. Os Juízes do caso julgaram improcedente a demanda promovida por Rui Barbosa por entender que a conduta não era tipificada, ou seja, não havia norma prevendo a violação de marcas (Acórdão de 28.07.1874). Este fato, de acordo com o autor, é que teria motivado a iniciativa legislativa que veio a ser materializada no Decreto n.º 2682 de 1875.

Já a proteção legislativa brasileira dos antes denominados desenhos e modelos industriais mais recentes do que o início da proteção brasileira atribuída às patentes e às marcas, tendo como marco legislativo o Decreto nº 24.507 de 1934 que, segundo José Henrique Pierangeli, "até então os modelos e desenhos industriais não gozavam de qualquer proteção, salvo quando pudessem, em razão do seu acentuado valor artístico, ser considerados uma obra de arte, razão pela qual a sua proteção se fazia por meio das disposições do Código Civil".[12]

Seguindo o norte traçado pelo art. 179, inciso 26, da Constituição do Império do Brasil de 1824, na Constituição Federal Brasileira de 1891, em seu art. 72, §§ 25 e 27, já havia menção à proteção de invenções e marcas, nos seguintes termos:

> Art. 72, § 25. Os inventos industriais pertencerão aos seus autores, aos quais ficará garantido por lei um privilégio temporário, ou será concedido pelo Congresso um prêmio razoável, quando haja conveniência de vulgarizar o invento. (...)
> Art. 72, § 27. A lei assegurará também a propriedade das marcas de fábrica.

Note-se que o foco da proteção na Constituição de 1891 está nos autores dos inventos, enquanto que no tratamento da proteção das marcas não há esta personificação de direcionamento protetor vinculado.

Na história das Constituições, a de 1937 não abordou diretamente a proteção à propriedade industrial, mas, nas palavras de Gama Cerqueira,[13] "a Carta Constitucional de 1937, deixando de reproduzir os dispositivos das Constituições anteriores, que garantiam a propriedade das invenções, das marcas e dos nomes comerciais, não aboliu essa garantia. Apenas deixou de especificá-la por inútil ou redundante, em face do art. 122, que assegurou aos brasileiros e aos estrangeiros residentes no país o direito à liberdade, à segurança individual e à propriedade", e continua afirmando que "a sua garantia estaria implícita no citado art. 122 da Carta de 1937, sendo ociosa a especificação adotada nas Constituições que a antecederam".

Apesar de marcante evolução e regramento da propriedade industrial no Brasil desde o século XIX, temos que nos últimos 30 anos é que houve um salto de valoração econômica e estratégica (pois intelectual já havia há muito tempo) dos direitos de propriedade industrial.

---

[12] PIERANGELI, José Henrique *Crimes contra a propriedade industrial e crimes de concorrência desleal*. São Paulo: Revista dos Tribunais, 2003, p. 106.
[13] CERQUEIRA, op. cit., p. 72.

Tal valoração passa pelo antigo Código da Propriedade Industrial de 1971,[14] pela ratificação e promulgação pelo Brasil do Tratado de Cooperação em Matéria de Patentes (internacionalmente conhecido pela sigla PCT – Patent Cooperation Treaty),[15] culminando com a adesão do Brasil ao Acordo sobre Aspectos dos Direitos da Propriedade Intelectual Relacionados ao Comércio – ADPIC (internacionalmente conhecido pela sigla TRIPS – Trade Related Aspects for Intellectual Property Rights)[16] e a promulgação da atual Lei da Propriedade Industrial de 1996,[17] com vigência a partir do ano posterior.

Na história mais recente, encontram-se diversos exemplos de maior valoração econômica e estratégica da propriedade industrial ao se analisar as políticas de incentivo nas áreas de pesquisa e desenvolvimento aplicadas, citando como um dos exemplos práticos e atuais o "despertar" do nosso País para o incentivo fiscal ao patenteamento internacional das criações nacionais expresso no art. 40 da Lei 10.637/02.[18]

Demonstrando a extrema relevância da propriedade industrial na atualidade, tem-se, ainda, a recentíssima Lei da Inovação de 2004, que dispõe sobre incentivos à inovação e à pesquisa científica e tecnológica no ambiente produtivo e de pesquisa, abordando, entre outros aspectos, o incentivo ao patenteamento para empresas, universidades e criadores.

Não é de hoje que nosso País deve estar atento às pressões internacionais para adequação/modificação legislativa dos "padrões" internacionais de proteção e exercício de direitos de propriedade intelectual, o que é destacado por muitos doutrinadores, estando entre eles Maristela Basso, que assim se manifesta:[19]

---

[14] Lei nº 5772/71.
[15] Decreto nº 81.742 de 31 de maio de 1978.
[16] Decreto nº 1.355 de 30 de dezembro de 1994.
[17] Lei nº 9.279/96.
[18] Art. 40. Sem prejuízo do disposto no art. 39, a pessoa jurídica poderá, ainda, excluir, na determinação do lucro real, valor equivalente a 100% (cem por cento) do dispêndio total de cada projeto que venha a ser transformado em depósito de patente, devidamente registrado no Instituto Nacional de Propriedade Industrial (INPI), e, cumulativamente, em pelo menos uma das seguintes entidades de exame reconhecidas pelo Tratado de Cooperação sobre Patentes (Patent Cooperation Treaty -PCT):
I – Departamento Europeu de Patentes (European Patent Office);
II – Departamento Japonês de Patentes (Japan Patent Office); ou
III – Departamento Norte-Americano de Patentes e Marcas (United States Patent and Trade Mark Office).
[19] BASSO, Maristela. *Propriedade Intelectual na era pós-OMC*. Porto Alegre: Livraria do Advogado, 2005, p. 76-77.

Os países em desenvolvimento não devem ser obrigados a aceitar padrões de proteção dos direitos de propriedade intelectual impostos pelos países desenvolvidos para, em troca, obterem acesso a mercados e investimentos.
Daí porque a "Comissão Inglesa Sobre Direitos de Propriedade Intelectual", em seu relatório, reconheceu que "os países em desenvolvimento não devem ser obrigados a aceitar direitos de propriedade intelectual impostos pelo mundo desenvolvido além dos compromissos que tem para com os acordos internacionais [...]. A maioria dos países desenvolvidos não leva em conta os objetivos de desenvolvimento ao formular suas políticas de propriedade intelectual em base internacional [...]. Os países desenvolvidos deveriam abolir a prática do uso de acordos regionais/bilaterais como meio de criar regimes de propriedade intelectual que vão além do TRIPS nos países em desenvolvimento. Estes devem ter liberdade para escolher – dentro dos limites do TRIPS – o grau de rigor que conferem a seus regimes de propriedade intelectual".

A evolução histórica das normas protetoras das marcas, patentes e desenhos industriais demonstra que houve também uma evolução nos fundamentos que sustentam a proteção destas espécies de criações intelectuais, sendo imperioso analisá-las de forma individualizada para não cometer equívocos nos acordos semânticos, cuja importância é muito bem destacada por Juarez Freitas.[20]

Acordos semânticos equivocados geram desvios conclusivos que devem ser evitados, de modo que se busca evitar ao máximo que tais desvios ocorram, apesar de ciente das limitações humanas interpretativas.

---

[20] FREITAS, Juarez. *A interpretação sistemática do direito*. 4. ed., São Paulo: Malheiros Editores, 2004, o autor deixa clara a importância da prévia e cuidadosa realização dos acordos semânticos para evitar desvios hermenêuticos na construção racional.

3. As bases conceituais da propriedade industrial segundo as quatro teorias elementares

Denis Borges Barbosa,[21] ao analisar texto de Thomas Jefferson,[22] assim assevera:

> O belíssimo e surpreendente texto frisa exatamente que o direito de exclusiva aos bens intelectuais é dado "de acordo com a vontade e conveniência da sociedade, sem pretensão nem demanda de quem quer que seja". É um movimento de política, e política econômica mais do que tudo, e não um reconhecimento de um estatuto fundamental do homem. A essência do homem é que as idéias e criações fluam e voem em suas asas douradas, como Verdi propunha.

Encontram-se inúmeras dificuldades para localizar na doutrina pátria definições ou abordagens claras quanto à essência dos direitos

---

[21] BARBOSA, Denis Borges. *Uma introdução à propriedade intelectual*. São Paulo: Lúmen Júris, 2003, p. 89-90.

[22] Carta a Isaac McPherson (1813) recolhido em Kock, A. & Peden, W. (1972). The Life and Selected Writings of Thomas Jefferson. Modern Library, New York, in: Denis Borges Barbosa *Uma introdução à propriedade intelectual*:
"Stable ownership is the gift of social law, and is given late in the progress of society. It would be curious then, if an idea, the fugitive fermentation of an individual brain, could, of natural right, be claimed in exclusive and stable property. If nature has made any one thing less susceptible than all others of exclusive property, it is the action of the thinking power called an idea, wich an individual may exclusively possess as long as he keeps it to himself; but the moment it is divulged, it forces itself into the possession of every one, and the receiver cannot dispossess himself of it. Its peculiar character, too, is that no one possesses the less, because every other possesses the whole of it. He who receives an idea from me, receives instruction himself without lessening mine; as he who lights his taper at mine, receives light without darkening me. That ideas should freely spread from one to another over the globe, for the moral and mutual instruction of man, and improvement of his condiction, seems to have been peculiarly and benevolently designed by nature, when she made them, like fire, expansible over all space, without lessening their density in any point, and like the air in which we breathe, move, and have our physical being, incapable of confinement or exclusive appropriation. Inventions then cannot, in nature, be a subject of property. Society may give an exclusive right to the profits arising from them, as an encouragement to men to pursue ideas which may produce utility, but this may or may not be done, according to the will and convenience of the society, without claim or complaint from anybody".

de propriedade industrial quando analisados sob seus fundamentos teóricos.

Diversos doutrinadores examinam a Propriedade Industrial como "um episódio da propriedade intelectual que trata dos bens imateriais aplicáveis nas indústrias",[23] como uma "verdadeira mercadoria, vendável, envolvendo aspectos econômicos, jurídicos e sociais".[24]

Diferentemente do direito autoral de origem romano-germânica, a propriedade industrial, com exceção das invenções, não possui um forte elo personalíssimo entre criador e criação, fato este que serviu como um dos fundamentos para boa parte da doutrina enquadrar esses direitos como direitos reais.

Analisando a sua essência pode-se conceituar a propriedade industrial como os direitos sobre criações intelectuais relacionadas à indústria *lato sensu*, concedidos pelo Estado ao particular, mediante provocação deste e nos limites impostos pelo Direito.

É claro que tal conceito, ora desenvolvido, não apresenta em si uma resposta para a pergunta "o que são os direitos de propriedade industrial?", pois esta resposta somente pode ser alcançada a partir da análise e pesquisa do nascedouro das diversas espécies do gênero propriedade industrial.

De acordo com o art. 1 (2) da Convenção da União de Paris (Revisão de Estocolmo de 1967) em pleno vigor no Brasil,[25] a proteção da propriedade industrial tem como objeto as patentes de invenção, os modelos de utilidade, os desenhos ou modelos industriais, as marcas de serviço, o nome comercial e as indicações de procedência ou denominações de origem, bem como a repressão da concorrência desleal.

No entanto, tem-se que existem questões quanto à abrangência da propriedade industrial que, se por um lado a restringem, de outro a ampliam.

Exemplo de restrição é a não consideração atual, no direito pátrio, do nome empresarial (denominação dada ao nome comercial pelo Código Civil de 2002) como um direito de propriedade, mas sim como uma firma ou denominação adotada para o exercício de empresa e que

---

[23] DI BLASI, Gabriel, GARCIA, Mário S., MENDES, Paulo Parente. *A Propriedade Industrial*. Rio de Janeiro: Forense, 1997, p. 17.

[24] CHINEN, Akira. *Know-How e Propriedade Industrial*. São Paulo: Oliveira Mendes, 1997, p. 2.

[25] Decreto nº 75.572 de 8 de abril de 1975.

não pode ser objeto de alienação,[26] possuindo regramento jurídico próprio para a sua proteção.

Já um exemplo de ampliação é a consideração da topografia de circuitos integrados como direito de propriedade industrial, sendo importante ressaltar algumas críticas feitas por Denis Borges Barbosa, no sentido de que o sistema de propriedade industrial está sendo usado, hoje em dia, para proteger investimento e não exatamente tecnologia, pois "fabricar um circuito integrado exige o mesmo grau de criatividade que preencher uma declaração de imposto de renda [...]".[27]

Com a recente edição da MP 352/2007 restou clara a forma de proteção e enquadramento da topografia[28] de circuitos integrados com regras próprias inclusive a respeito do registro sem exame de mérito pelo INPI.[29]

---

[26] Código Civil Brasileiro – Lei nº 10.406 de 10 de janeiro de 2002, art. 1155. Considera-se nome empresarial a firma ou a denominação adotada, de conformidade com este capítulo, para o exercício de empresa. Parágrafo único. Equipara-se ao nome empresarial, para os efeitos da proteção da lei, a denominação das sociedades simples, associações e fundações, art. 1164. O nome empresarial não pode ser objeto de alienação.
Interessante notar que a CUP de 1883 e a sua última revisão de Estocolmo de 1967, em pleno vigor no Brasil, enquadra o nome empresarial (ou nome comercial conforme denominado pela CUP) como uma das espécies da propriedade industrial.

[27] BARBOSA (2003, p. 770).

[28] MP 352 de 22/01/2007: "Art. 26. Para os fins deste Capítulo, adotam-se as seguintes definições:
I – circuito integrado significa um produto, em forma final ou intermediária, com elementos, dos quais pelo menos um seja ativo, e com algumas ou todas as interconexões integralmente formadas sobre
uma peça de material ou em seu interior e cuja finalidade seja desempenhar uma função eletrônica.
II – topografia de circuitos integrados significa uma série de imagens relacionadas, construídas ou codificadas sob qualquer meio ou forma, que represente a configuração tridimensional das camadas que compõem um circuito integrado, e na qual cada imagem represente, no todo ou em parte, a disposição geométrica ou arranjos da superfície do circuito integrado em qualquer estágio de sua concepção ou manufatura.
Art. 29. A proteção prevista neste Capítulo só se aplica à topografia que seja original, no sentido de que resulte do esforço intelectual do seu criador ou criadores e que não seja comum ou vulgar para técnicos, especialistas ou fabricantes de circuitos integrados, no momento de sua criação.
§ 1º Uma topografia que resulte de uma combinação de elementos e interconexões comuns, ou que incorpore, com a devida autorização, topografias protegidas de terceiros, somente será protegida se a combinação, considerada como um todo, atender ao disposto no caput deste artigo.
§ 2º A proteção não será conferida aos conceitos, processos, sistemas ou técnicas nas quais a topografia se baseie ou a qualquer informação armazenada pelo emprego da mesma.
§ 3º A proteção conferida neste Capítulo independe da fixação da topografia.
Art. 30. A proteção depende do registro, que será efetuado pelo Instituto Nacional de Propriedade Industrial – INPI".

[29] MP 352 de 22/01/2007: "Art. 33. Protocolizado o pedido de registro, o INPI fará exame formal, podendo formular exigências, as quais deverão ser cumpridas integralmente no prazo de

Nesta busca constante de adequação dos direitos de propriedade industrial às demandas sociais, muitas vezes, os elementos fundadores desses direitos são colocados em um plano secundário ou até mesmo esquecidos.

Nesse contexto e buscando-se subsídios na doutrina estrangeira, William Fisher[30] destaca a créscente e atual relevância dos direitos de propriedade intelectual ao afirmar:

> A importância econômica e cultural desta coletânea de regras está aumentando rapidamente. A fortuna de muitos negócios depende muito dos direitos de propriedade intelectual. Um crescente percentual de profissionais está se especializando em disputas envolvendo propriedade intelectual. E os criadores das leis por todo o mundo estão muito ocupados revendo as suas leis de propriedade intelectual.[31]

Nessa realidade atual de revisão de conceitos e nortes traçados pelos direitos de propriedade industrial, cuidados com a definição de situações de justiça ou injustiça, por mais difícil que seja a compreensão do que é justo ou injusto, passam necessariamente pela compreensão dos pilares que sustentam os direitos postos em causa que, no presente caso, representa as bases da propriedade industrial.

Para explorar as bases da propriedade industrial, essencial partir da análise das quatro teorias da propriedade intelectual feita por alguns doutrinadores, cumprindo destacar a metodológica análise feita por William Fisher.

William Fisher analisa quatro teorias no texto mencionado, as quais resumidamente consistem em:

a) Primeira e mais popular teoria (teoria utilitarista): lapidação dos direitos de propriedade através da maximização da justiça social, de modo a equilibrar os direitos de exclusividade que estimulam a constante realização de invenções e criações intelectuais de um lado e, de outro, a tendência que tais direitos geram em limitar o acesso do

---

sessenta dias, sob pena de arquivamento definitivo do pedido. Parágrafo único. Será também definitivamente arquivado o pedido que indicar uma data de início de exploração anterior a dois anos da data do depósito.
Art. 34. Não havendo exigências ou sendo as mesmas cumpridas integralmente, o INPI concederá o registro, publicando-o na íntegra e expedindo o respectivo certificado".

[30] FISHER, Willian. Theories of Intellectual Property in Stephen Munzer. *New Essays in the Legal and Political Theory of Property*. Cambridge University Press, 2001. Disponível em *http://www.law.harvard.edu/Academic_Affairs/coursepages/tfisher/*. Acessado em 20/04/2005.

[31] Texto original: "The economic and cultural importance of this collection of rules is increasing rapidly. The fortune of many business depend heavily on intellectual-property rights. A growing percentage of the legal profession specializes in intellectual-property disputes. And lawmakers throughout the World are busily revising their intellectual-property laws".

público a tais criações. Fisher cita os autores Landes e Posner[32] como defensores desta teoria.

A ressalva que se pode fazer a esta abordagem da teoria utilitarista está no fato de entender-se que tal teoria possui uma base mais econômica do que social, de modo a divergir-se do entendimento de Fisher justamente na aplicação prática desta teoria que, segundo ele, teria uma maximização da justiça social.

b) Segunda teoria (teoria do trabalho): baseada no entendimento de que uma pessoa tem um direito natural aos frutos oriundos do seu trabalho e esforço e o Estado tem o dever de respeitar e fazer cumprir esse direito natural. Fisher destaca que essa teoria tem origem em John Locke, passando por Robert Nozick, cuja contribuição em relação a Locke seria de que a aquisição da propriedade através do trabalho somente é legitimada se outras pessoas não sofrerem nenhuma injustiça relacionada a esta aquisição de propriedade pelo trabalho, citando como exemplo de não legitimação o fato de pessoas empobrecerem em decorrência desse sistema de aquisição da propriedade, sendo que tal empobrecimento não seria gerado se o sistema de aquisição de propriedade não tivesse sido baseado no trabalho.[33]

Justin Hughes[34] também analisa a justificação da propriedade intelectual através da teoria do trabalho, destacando que:

> Realmente, a análise de Locke da propriedade intelectual possui um imediato e intuitivo apelo: parece que pessoas inteligentes trabalham para produzir idéias e o valor dessas idéias – especialmente por não existir nenhum componente físico – depende apenas do "trabalho" mental dos indivíduos.[35]

Nozick[36] estabelece duas limitações que a teoria de Locke traria para a prática no sistema de patentes: a primeira seria referente ao fato

---

[32] Na obra The Economic Structure of Intellectual Property Law, a qual será analisada mais detidamente no decorrer desse trabalho, William Landes e Richard Posner deixam clara a sua posição utilitarista na análise e interpretação das bases dos direitos de propriedade intelectual, adaptando a interpretação da teoria econômica da propriedade na realidade da propriedade intelectual.

[33] FISHER, P. 4.

[34] HUGHES, Justin. The Philosophy of Intellectual Property. *Georgetown University Law Center and Georgetown Law Journal*, 77 Geo. L.J. 287, dezembro de 1988, p. 8-9.

[35] Texto original: "Indeed, the Lockean explanation of intellectual property has immediate, intuitive appeal: it seems as though people *do* work to produce ideas and that the value of these ideas especially since there is no physical component depends solely upon the individual's mental "work".

[36] Apud FISHER, William. Theories of Intellectual Property in Stephen Munzer. *New Essays in the Legal and Political Theory of Property*. Cambridge University Press, 2001. Disponível em http://www.law.harvard.edu/Academic_Affairs/coursepages/tfisher/. Acessado em 20/04/2005.

de que dois inventores independentes que desenvolvessem a mesma invenção teriam que ter o direito de usá-la e vendê-la, sendo que a segunda seria a de que os direitos sobre uma patente não poderiam durar mais do que o tempo necessário para que outra pessoa desenvolvesse a mesma invenção independentemente.

De fato, ambas as ressalvas feitas são coerentes e demonstram a falibilidade de um sistema de patentes baseado exclusivamente na teoria do trabalho.

c) Terceira teoria (teoria da personalidade): de acordo com Fisher esta terceira teoria seria derivada dos escritos de Kant e Hegel, prevendo que a propriedade privada é crucial para a satisfação de algumas das necessidades fundamentais humanas. Fisher destaca que o mais completo trabalho baseado no entendimento de Hegel (Philosophy of Right) aplicado à propriedade intelectual seria a abordagem de Justin Hughes[37] que estabeleceria o formato ideal de um sistema de propriedade intelectual, destacando Fisher três pontos básicos analisados por Hughes:

> (a) Nós deveríamos ser mais inclinados a aceitar proteção legal para os frutos de atividades intelectuais mais expressivas, como o direito sobre novelas do que os frutos de atividades menos expressivas, como a pesquisa genética. (b) Porque a pessoalidade de uma pessoa – sua imagem pública, incluindo suas características físicas, maneirismos e história – é um importante "receptáculo para personalidade", merecendo uma proteção legal generosa, além do fato de que normalmente ela não resulta do trabalho. (c) Autores e inventores devem ser legitimados a ganhar respeito, honra, admiração e dinheiro oriundos do público por vender ou distribuir cópias dos seus trabalhos, mas não devem ser permitidos a entregar os seus direitos de impedir terceiros de mutilar ou atribuir falsa autoria aos seus trabalhos.[38]

Nesse ponto, é nítida a influência romano-germânica dessa teoria, na qual existem direitos que nem o próprio autor poderia abdicar, cuja influência está nitidamente marcada em nossa legislação de direitos autorais.

---

[37] HUGHES, op. cit.

[38] Texto original: "(a) We should be more willing to accord legal protection to the fruits of highly expressive intellectual activities, such as the right of novels, than to the fruits of less expressive activities, such as genetic research. (b) Because a person's 'persona' – his 'public images, including his physical features, mannerisms and history' – is an important 'receptacle for personality', it deserves generous legal protection, despite the fact that ordinarily it does not result from labor. (c) Authors and inventors should be permitted to earn respect, honor, admiration and money from the public by seeling or giving away copies of their works, but should not be permitted to surrender their right to prevent others from mutilating or misattributing their works".

d) A quarta e última teoria (teoria do plano social): de acordo com Fisher esta teoria possui inspiração em Jefferson, Marx e em vários proponentes do republicanismo clássico, de modo que a sua base é similar ao utilitarismo em sua orientação teleológica, mas ao mesmo tempo diferente na sua tentativa de analisar visões de uma sociedade desejável mais rica do que os conceitos de "social welfare" analisados pelos utilitaristas.

Esta teoria possui relação com o que Peter Menell[39] descreve como sendo a teoria do enriquecimento injusto, de modo que o problema central dos direitos de propriedade intelectual estaria no estabelecimento de compensações socialmente justificáveis.

Fisher traz como exemplo desta quarta teoria um ensaio de Neil Netanel intitulado "Copyright and a Democratic Civil Society", no qual ele destaca duas formas em que a lei de direitos autorais poderia contribuir para o ideal de uma sociedade civil, as quais consistiriam em (a) uma função produtiva, no sentido que os direitos autorais (no caso estadunidense, entendidos como direitos de reprodução e não no sentido de direitos autorais que os países de tradição romano-germânica atribuem ao termo) são um incentivo para a expressão criativa em todos os âmbitos políticos, sociais e estéticos, gerando fundamentos discursivos para a cultura democrática e associação civil, e (b) uma função estrutural, na qual o direito autoral permite uma atividade criativa e comunicativa livre de dependência estatal ou de hierarquias culturais ou de elites.

Com efeito, tais contribuições traziam as seguintes modificações no atual sistema de direitos autorais: o prazo de duração dos direitos autorais deveria ser diminuído, possibilitando que os mesmos entrassem em domínio público mais rapidamente; os direitos autorais de controlar trabalhos derivados deveriam ser diminuídos; e as licenças compulsórias deveriam ser empregadas com maior freqüência.

Entende-se que o efetivo uso sistemático (e não arbitrário) das licenças compulsórias com maior freqüência mostra-se como um dos meios atualmente disponíveis para contrabalançar os interesses públicos e privados envolvidos no acesso à determinada tecnologia protegida pelo sistema de patentes.

Esta quarta teoria seria a menos estabelecida e reconhecida frente às outras três teorias descritas.

---

[39] MENELL, Peter. *Intellectual Property*: general theories. *Encyclopedia of Law & Economics*, 2000, P. 158.

A Teoria do Utilitarismo seria uma das mais utilizadas e reconhecidas na lei e na própria Constituição dos Estados Unidos da América, cujos propósitos seriam de promover incentivos aos esforços dedicados à criação intelectual que vão beneficiar toda a sociedade. A Suprema Corte dos Estados Unidos, ao "construir" os estatutos de direitos autorais e patentes, seria clara ao repetir insistentemente que o objetivo primário seria induzir a produção e disseminação de trabalhos do intelecto.[40]

As referências à segunda teoria (Teoria do Trabalho) também são comuns, tendo em vista que em motivações políticas e da Suprema Corte dos Estados Unidos é destacada a importância em recompensar os autores e inventores pelo seu trabalho intelectual desenvolvido. Nos tribunais brasileiros também se constata essa tendência de acolhimento da teoria do trabalho em alguns julgados.

A terceira teoria (teoria da personalidade), apesar de não ser comumente aplicada nos Estados Unidos, possui uma forte influência na Europa, estando justificada pela forte influência de Kant e Hegel. Quanto ao Direito Autoral que, apesar de não ser o objeto deste trabalho, é também analisado frente às teorias discorridas, possui a doutrina dos direitos morais do autor, de base romano-germânica, a qual vem influenciando os próprios estadunidenses que lidam com a propriedade intelectual, ganhando espaço nos Estados Unidos, gerando uma certa modificação na própria compreensão de "copyright" norte-americana.

Tom G. Palmer,[41] analisando as implicações fáticas da aplicação da teoria da personalidade, afirma que "de fato, a relação entre criador e criação é tão íntima que quando a personalidade do primeiro muda, também pode mudar o tratamento da segunda".[42]

Tal fato se verifica com maior incidência nas obras protegidas pelo direito autoral, pelas quais entende-se, apesar de não ser objeto do presente trabalho, possuírem incidência determinante da teoria da personalidade, diferentemente do que ocorre com as marcas, patentes e

---

[40] Para justificar as afirmações descritas, FISHER (2001) menciona em seu trabalho o artigo 1º da seção 8, cláusula 8 da Constituição dos Estados Unidos e cita os exemplos dos casos Fox Film Co v. Doyal, 286 US 123, 127-28 (1932); Kendall v. Winsor, 62 US (21 How), 322-327-28 (1858).

[41] PALMER, Tom G. Are patents and copyrights morally justified? The philosophy of property rights and ideal objects. *Harvard Journal of Law and Public Policy*, v. 13, n. 3, p. 843, verão de 1990.

[42] Texto original: "In fact, the relationship between creator and creation is so intimate that when the personality of the former changes, so too can the treatment of the latter".

desenhos industriais, cuja incidência da teoria da personalidade é menor no sistema constitucional brasileiro.

Fisher assevera que a quarta teoria (teoria do plano social) também é encontrada nos esforços para aprimorar a visão de uma cultura justa e atrativa em quase todas as leis de propriedade intelectual, citando como exemplo os recentes debates a respeito dos direitos de propriedade intelectual na internet.

Acrescenta-se a isso que esta visão da teoria do plano social pode ser estendida para outras problemáticas atuais, como as patentes envolvendo medicamentos e soluções biotecnológicas, a proteção jurídica dos programas de computador, a mudança de enfoque protetor das marcas como benéfico para os consumidores e não apenas como defesa de um direito individual do proprietário, dentre muitas outras questões atuais que tem demandado uma análise cuidadosa dos direitos de propriedade intelectual sob uma perspectiva do plano social.

Resumindo, a análise de Fisher destaca que a presença destas quatro teorias mescladas no sistema jurídico norte-americano gera um paralelismo que não poderia ser explicado pelas teorias contemporâneas, apontando que: (a) existem pontos importantes das leis de propriedade intelectual que não têm sido destacados e abordados por um número significante de estudiosos; (b) todos os argumentos (teorias) até aqui estudados estariam misturados em materiais legislativos e judiciários.

Portanto, as quatro teorias são misturadas e aplicadas simultaneamente e sem sistematização na área da propriedade intelectual, de modo que "teóricos estão vendo a lei através de óculos fornecidos pela filosofia política. Nos debates filosóficos contemporâneos, direito natural, utilitarismo e teorias do bem são geralmente vistas como perspectivas incompatíveis. Não é de se surpreender que teóricos jurídicos, familiarizados com esses debates, separem idéias sobre propriedade intelectual em pilares semelhantes".[43]

Peter Menell constata esse problema também ao referir que "a propriedade intelectual é raramente justificada em apenas uma teoria, apesar do utilitarismo ser a teoria mais afim das patentes".[44]

---

[43] MENELL, Peter. *Intellectual property: general theories*. Encyclopedia of Law & Economics, 2000, p.. 12. Texto original: "[...] theorists are seeing the law through glasses supplied by political philosophy. In contemporary philosofic debates, natural law, utilitarianism and theories of the good are generally seen as incompatible perspectives. Its not surprising that legal theorists, familiar whit those debates, should separate ideas about intelectual property into similar piles".
[44] MENELL, op. cit., p. 163. Texto original: "Intellectual property is rarely justified on one theory, although patents' grounding in utilitarianism comes the closest".

Realmente, reconhecer a aplicação isolada de uma teoria em todo o sistema de propriedade intelectual representa uma tentativa infrutífera e desaconselhável de simplificação desse direito *sui generis* de propriedade.

O poder prescritivo de todas as quatro teorias está limitado severamente pelas suas ambigüidades, inconsistências internas e pelo espaço em branco referente à informação empírica crucial.

Tais fatos levam Fisher, entre outros doutrinadores que analisam as teorias e apresentam suas observações específicas, a tecer suas críticas pontuais às teorias expostas:

a) Abordando a teoria utilitarista, buscando respostas para a pergunta sobre qual sistema de regras utilitaristas iria melhor aperfeiçoar um estado de sociedade justa, entre outros aspectos levantados, Fisher deixa cristalino que existem três limitações claras nos tópicos que compõem esta teoria e são classificados por ele como:

a.1) Teoria do incentivo, na qual, de acordo com Northaus citado por Fisher, todo o aumento na duração ou força das patentes estimularia um aumento da atividade inventiva. Critica esta visão ao referir que, um primeiro problema seria a falta de bases sólidas e informações necessárias para aplicar esta análise. Ou seja, estudos empíricos têm sugerido que o sistema de patentes tem sido mais importante para estimular inovação em determinadas indústrias (tais como químicas e farmacêuticas), mas estes estudos falham em responder a questão mais importante que diz respeito se o estímulo dado à inovação justifica os seus custos.[45]

Mesmo que se concluísse que a sociedade estaria melhor fornecendo certas recompensas aos inventores e autores, questões nevrálgicas estariam ainda sem resposta, tais como se o sistema de propriedade intelectual seria o melhor sistema para conferir estas recompensas? Até qual limite se estenderiam os direitos? Esses direitos devem incluir o direito de realizar criações derivadas? Como tais informações concretas ainda não estão disponíveis, os utilitaristas teriam esta questão para se debater em ordem de comprovar a sua teoria.[46]

Certamente se tratam de questões não respondidas pela aplicação da teoria analisada, pois não há dúvidas que o sistema de patentes, por exemplo, estimula a pesquisa e desenvolvimento de novas tecnologias

---
[45] FISHER, p. 16.
[46] Idem, p. 17.

pelo setor privado, no entanto, não há comprovação científica de que o atual sistema é o ideal ou se ele precisa de algumas lapidações (ou até mesmo ser melhor interpretado frente à realidade de cada País).

a.2) Teoria de melhoramento das linhas de produção, sendo que em nenhum campo da atividade econômica os inovadores estão capacitados a recolher ou obter o pleno valor social de suas inovações, de modo que esta solução proposta de melhoramento está muito distante da clareza necessária para sua justificação.

Mais uma questão interessante que deve ser analisada sob a ótica do aperfeiçoamento e da dependência em patentes, assim como sob a ótica dos impositivos constitucionais de balanceamento do atendimento do interesse social, desenvolvimento econômico e tecnológico do País, de modo que a proteção conferida está limitada ao aperfeiçoamento realizado, mas certamente tal proteção não possui caráter absoluto.

No exemplo brasileiro é comum que empresas de pequeno e médio porte (e até mesmo várias de grande porte) não tenham uma cultura de investimento em inovação e informação tecnológica. Ou seja, a área criativa da empresa não se preocupa ou desconhece os incríveis e completos mecanismos de buscas de patentes que estão acessíveis na internet, através dos bancos de dados dos principais Escritórios de Propriedade Intelectual do mundo.[47]

Desta forma, esta justificativa utilitarista possui falhas em si, pois não generaliza esse acesso efetivo às melhorias tecnológicas disponíveis.

a.3) A terceira subdivisão justificativa da teoria utilitarista, que reside no fato de que se buscaria evitar o desperdício de criatividade com o desnecessário desenvolvimento de invenções idênticas, teria problemas nela mesma, pois a combinação de informações limitadas com tensão teórica deixaria este terceiro tópico tão indeterminado quanto os outros dois.

Além do descrito na justificativa anterior, atualmente é muito difícil efetuar uma busca de anterioridades de patentes envolvendo software e patentes de métodos de negócios (sendo que essas últimas

---

[47] Apenas para citar alguns exemplos, os Escritórios Oficiais de Patentes dos EUA (USPTO), da Europa (EPO) e do Japão (JPO) disponibilizam acesso gratuito aos seus bancos de patentes através de ferramentas on-line via internet. Isso sem mencionar o acesso aos pedidos internacionais de patente via PCT (publicações integrais disponibilizadas no site da OMPI através do PCT Gazzete) e demais ferramentas de busca e informação tecnológicas gratuitas e pagas.

são comuns nos EUA, mas vedadas na legislação da maioria dos países), tendo em vista que o estado da técnica nessas áreas está pulverizado e é de difícil organização para possibilitar um levantamento acurado das efetivas tecnologias disponíveis.

Afirma Fisher que, se os problemas de cada uma destas subdivisões da teoria utilitarista fossem dissolvidos, ainda faltaria uma solução integrativa destas três subdivisões justificativas de modo que explicasse como a lei seria ajustada para, ao mesmo tempo, (i) fazer um balanceamento entre os incentivos para a criatividade e as perdas eficientes concomitantemente; (ii) enviar para os produtores de todos os tipos de produtos sinais do que os consumidores efetivamente querem; (iii) minimizar a dissipação do aluguel. Conclui que: "até que esse desafio seja vencido com sucesso, o poder da visão utilitarista em fornecer um guia para os congressistas vai estar limitado".[48]

No que tange às críticas à teoria utilitarista em si, interessante são os ensinamentos de John Rawls[49] a respeito das limitações em se aplicar tal teoria isoladamente sem certa ponderação, afirmando o autor que:

> A congruência do justo e do bem se determina pelos padrões por meio dos quais cada conceito é especificado. Como observa Sidgwick, o utilitarismo é mais estrito que o senso comum na exigência do sacrifício dos interesses privados do agente, quando isso se faz necessário para a maior felicidade de todos. E também é mais exigente que a teoria contratualista, pois embora os atos beneficentes que vão além de nossos deveres naturais sejam boas ações e estimulem nossa estima, eles não são exigidos em termos do que é justo. O utilitarismo pode parecer um ideal mais elevado, mas em contrapartida ele pode autorizar uma redução no bem-estar e na liberdade de alguns em nome da maior felicidade de outros, talvez já privilegiados. Uma pessoa racional, ao construir seu plano, hesitaria em dar precedência a um princípio tão rigoroso. Esse princípio tende tanto a superar a sua capacidade de empatia quanto a prejudicar a sua liberdade. Assim, por mais improvável que seja a congruência do justo e do bem na justiça como equidade, certamente ela é mais provável do que na visão utilitarista. A ponderação condicional de motivos favorece a doutrina contratualista.

Portanto, antes mesmo de se analisar a adequação da teoria utilitarista à propriedade industrial, verifica-se que ela possui inconsistências que fazem com que a sua aplicação isolada não expresse um ideal

---

[48] Ob. cit. p. 21. Texto original: "Until that challenge is successfully met, the power of utilitarian approach to provide guidance to lawmakers will be sharply limited".
[49] RAWLS, John. *Uma teoria da justiça*. 2. ed. São Paulo: Martins Fontes, 2002, p. 637/638. (tradução de Almiro Pisetta e Lenita Maria Rímoli Esteves) com base na obra original A Theory of Justice, Harvard University Press, USA, 1971.

de justiça almejado na sua complexidade por um determinado povo. Tal resposta adequada também se mostra como um desafio para a teoria do trabalho.

b) Palmer[50] já afirmava que a teoria do trabalho defende que "quando uma pessoa tenha aperfeiçoado aquilo que antes não havia sido aperfeiçoado (ou criado aquilo que anteriormente não existia), esta pessoa está legitimada para os resultados do seu trabalho. Ela merece isso".[51]

De acordo com Fisher,[52] as dificuldades de se aplicar a teoria do trabalho para a propriedade intelectual são similares à da teoria utilitarista, ou seja, também não está claro que a teoria do trabalho suportaria qualquer tipo de direito de propriedade intelectual. A fonte desta dificuldade estaria na própria ambigüidade da teoria de Locke sobre o direito de propriedade. De acordo com a teoria do trabalho (labor theory), como deveríamos considerar a valorização do trabalho intelectual?: (i) Com base no tempo e esforço feitos (horas em frente ao computador ou laboratório)? (ii) Atividade na qual um preferiria não se dedicar (horas dedicadas no escritório enquanto outro preferiria velejar)? (iii) Atividade que resultaria em benefícios sociais (trabalhar em invenções com valor social)? (iv) Atividade criativa (produção de novas idéias)?

Fisher salienta que a primeira das quatro estaria mais próxima com a idéia de Locke, mas Locke não a desenvolveu para trabalho intelectual, sendo que Justin Hughes[53] adotaria a segunda e a terceira. Já Lawrence Becker[54] destacaria a importância da quarta opção de valorização do trabalho intelectual.

Interessante notar que realmente a Teoria do Trabalho, analisada isoladamente, traz problemas dentro dela mesma quanto à forma de valoração das criações intelectuais desenvolvidas. Uma teoria de mercado, por exemplo, resolveria de forma simples esse problema ao estabelecer que todo o trabalho intelectual possui valor de acordo com a demanda de consumo ou potencial benéfico para determinada área tecnológica inovadora.

---

[50] PALMER (1990, p. 827).

[51] Texto original: " When one has improved what was before unimproved (or created what before did not exist), one is entitled to the result ofone's labor. One *deserves* it".

[52] Fisher. P. 20.

[53] HUGHES, op. cit.

[54] BECKER, Lawrence. Deserving to Own Intellectual Property.Chicago-Kent. *Law Review* nº 68, 1993.

A teoria do trabalho também apresentaria problemas de ser aplicada isoladamente em relação ao atual sistema *first to file* que impera na maioria dos países, de modo que mesmo que ficasse comprovado que duas pessoas desenvolveram a mesma criação referente a uma marca, patente ou desenho industrial ao mesmo tempo, terá direito àquela criação apenas aquele que primeiro providenciar o pedido de marca, patente ou desenho industrial no órgão competente. A teoria do trabalho aplicada puramente diria que ambos teriam o direito ao fruto do seu trabalho, não sendo razoável que somente um deles obtenha o direito de proteção e exploração legal.

Portanto, volta à tona a preocupação de Nozick[55] a respeito da falta de limitações em adotar a teoria do trabalho de Locke, quando aplicadas à propriedade intelectual, pois, de acordo com esta teoria, a pergunta de até onde os direitos de propriedade intelectual iriam ficaria sem resposta definida.

c) Quanto à teoria da personalidade, Jeremy Waldron[56] entende que haveria uma gama de interesses que deveriam ser considerados fundamentais e cada um deles poderia ser aplicado ao sistema de direitos de propriedade, os quais seriam: Paz de mente ou paz de espírito, privacidade, autoconfiança, auto-realização como um ser social, auto-realização como um indivíduo, segurança e lisura, responsabilidade, identidade, cidadania, e benevolência.[57] Qualquer legislador contaminado por um desses interesses ficaria inspirado a construir um sistema de propriedade privada das fontes, mas não teria subsídios para determinar quais das fontes escolhidas seriam privatizadas e quais seriam deixadas públicas.

A questão da personalidade é tão complicada que, caso se adotem como fontes a combinação da privacidade, auto-realização como indivíduo, identidade e benevolência, chegaríamos a conclusões completamente divergentes entre os próprios autores que embasam a teoria da personalidade.[58]

Os problemas da teoria da personalidade estariam no fato de ser necessário maior conhecimento da natureza humana ou uma percepção de

---

[55] NOZICK, Robert. *Anarchy, State and Utopia*. Totowa, NJ: Rowman and Littlefield, 1984.
[56] WALDRON, Jeremy, "From Authors to Copiers: Individual Rights and Social Values in Intellectual Property", p. 68 *Chicago-Kent Law Review*, p. 841-87, 1993.
[57] FISHER, op. cit., p.. 29-30.
[58] Ibidem, p. 31-32. Fisher cita exemplos de conflitos de conclusões entre Kant e Hegel, Justin Hughes e Hegel, Edwin Hettinger e Lynn Sharp Paine, Justin Hughes e Michael Madow, Neil Netanel e Lloyd Weinreb.

personalidade mais acurada em uma determinada cultura e tempo para fornecer aos legisladores suportes sólidos para cada aspecto a ser embasado.

a) Por último, a quarta teoria (teoria do plano social), de acordo com Fisher, traria dificuldades para a escolha das diversas possibilidades de resposta à pergunta: "Que tipo de sociedade nós devemos buscar através de ajustes nas leis de direitos autorais, patentes e marcas?"[59]

Algumas possíveis respostas são exploradas por Fisher,[60] tais como: "Justiça social aos consumidores; uma cornucópia de informações e idéias; uma tradição artística rica; justiça distributiva; democracia semiótica; sociabilidade; respeito".

Como a teoria do plano social deixaria questões em aberto a serem determinadas pelo contexto cultural e pelos casos individualmente considerados (casos concretos), Fisher entende que a visão social por ela mesma não fornece um guia acabado.

Talvez a teoria do plano social seja a mais humana e, ao mesmo tempo, utópica, se aplicada isoladamente para justificar o sistema de propriedade intelectual.

Em seu trabalho Fisher demonstrou que todas as quatro teorias sobre as bases da propriedade intelectual possuem argumentos limitados, de modo que, resumidamente, se as teorias do plano social e da personalidade aparentam ser paternalistas demais, baseadas no pressuposto entendimento sobre o que seria bom para as pessoas (o que as próprias pessoas poderiam discordar!), as teorias utilitaristas e do trabalho, com as suas imagens de neutralidade, objetividade e determinação, ajudam a explicar por que os Tribunais, quando se deparam com problemas legais de interpretação, procuram embasamento comum em argumentos econômicos e raramente em argumentos construídos através do "plano social".

Fisher finaliza o seu ensaio defendendo uma "conversa" maior entre as quatro teorias, de modo que a resposta a ser procurada não seria "eu não consigo ver nenhum furo neste argumento", mas sim "isso parece verdade para mim".[61]

---

[59] FISHER, op. cit., p. 33. Texto original: "What sort of society should we try, through adjustments of copyright, patent, and trademark law, to promote?"

[60] FISHER, op. cit., p. 33-35. Texto original: "Consumer welfare; A cornucópia of information and ideas; A rich artistic tradition; Distributive justice; Semiotic Democracy; Sociability; Respect".

[61] FISCHER, op. cit., p. 43. Como a tradução livre realizada pode ter trazido um significado diferente daquele objetivado pelo autor do texto original, seguem as duas respostas extraídas do texto original em inglês: "The sought-after response would not be 'I cant see any holes in the argument', but rather 'That rings true to me'".

Uma das grandes questões que motivam este trabalho é justamente demonstrar que uma análise das teorias que embasam a propriedade intelectual não pode ser feita de forma conjunta, de modo que as conclusões de Fisher e de alguns outros autores citados, como Menell, Hughes e Palmer, possuem fortes embasamentos teóricos e são muito bem desenvolvidas, mas não individualizam sistematicamente a visão das teorias em cada uma das espécies da propriedade intelectual.

Dentro desta concepção que busca trazer o embasamento teórico para justificar o sistema de propriedade intelectual como um todo, encontram-se as observações feitas por Peter S. Menell,[62] Professor de Direito na Universidade da Califórnia em Berkeley, quanto às pesquisas desenvolvidas no sentido de investigar, economicamente, a importância deste sistema:

> Através de uma abrangente pesquisa de pessoas dedicadas à pesquisa e desenvolvimento que investigaram um grande número de indústrias nos Estados Unidos, Levin et al. (1987), descobriu-se que os direitos de propriedade intelectual, em comparação com os segredos de negócio, levam tempo, um movimento rápido para baixo da curva do aprendizado e esforços de marketing, atuando de forma relativamente modesta em possibilitar que a maioria das empresas (com a exceção daquelas que atuam no campo da indústria química e farmacêutica) se aproprie dos resultados das suas invenções. Resultados similares foram encontrados no Japão e na Alemanha (Instituto Japonês de Propriedade Intelectual, 1994; Oppenlander, 1984). Analisados juntos, esses estudos sugerem um crescente consenso entre os economistas de que a propriedade intelectual oferece um real, mas limitado, incentivo para a inovação em alguns setores industriais, sendo que a importância de tais direitos varia significativamente dependendo das indústrias e campos de inovação e a conexão entre direitos de propriedade intelectual e melhoria do bem estar social é extraordinariamente complexa (David, 1985, 1993; Machlup, 1968; Merges, 1995b, p. 107-108; Scherer, 1980; Sirilli, 1987; Stoneman, 1987, p. 115; Teece, 1986).[63]

---

[62] MENELL, op. cit., p. 136).

[63] Texto Original: "Through a large survey of research and development personnel across a wide range of industries in the United States, Levin et al. (1987) found that intellectual property rights, in comparison with trade secrecy, lead time, rapid movement down the learning curve and marketing efforts, play a relatively modest role in enabling most firms (with the exception of those in the pharmaceutical and chemical industries) to appropriate returns for their inventions. Similar results have been found in Japan and Germany (Japan Institute of Intellectual Property, 1994; Oppenlander, 1984). Taken together, these studies suggest a growing consensus among economists that intellectual property rights offer a real, but limited, incentive to innovate in some industrial sectors, the importance of such rights vary significantly across industries and fields of innovation and the linkage between intellectual property rights and social welfare improvement is extraordinarily complex (DAVID, 1985, 1993; MACHLUP, 1968; MERGES, 1995B, p. 107-108; SCHERER, 1980; SIRILLI, 1987; STONEMAN, 1987, P. 115; TEECE, 1986)"

O texto mencionado de Menell vai um pouco mais além das quatro teorias ora sob estudo na análise da abrangência e riqueza de teorias não utilitaristas das mais variadas, que justificam/criticam a propriedade intelectual, tais como a teoria do enriquecimento injusto,[64] teorias da libertação,[65] teoria da justiça distributiva,[66] teorias democráticas[67] e teorias ecológicas.[68]

A grande questão que se propõe está em fazer um elo entre as teorias da propriedade industrial[69] consideradas no direito comparado[70] e a recepção de tais teorias no ordenamento jurídico pátrio para, então, analisar se a aplicação prática e atual da propriedade industrial está observando os vetores axiológicos planejados pelo Constituinte Originário.

Para cumprir tais objetivos se faz importante analisar o tratamento doutrinário dado à propriedade industrial pelos estudiosos nacionais,

---

[64] MENELL, op. cit., p. 30. Nesta análise Menell chama a atenção para a visão de Wendy J. Gordon de que a estrutura básica do direito de propriedade intelectual está próxima do direito de restituição que busca determinar quando alguém que mostra os melhores benefícios merece compensação.

[65] Ibidem, p. 31, destaca que Tom Palmer constrói um argumento de libertação contra os direitos de propriedade intelectual através de uma crítica das perspectivas filosóficas dominantes utilizadas para justificar a proteção por propriedade intelectual. Cita, ainda, John Perry Barlow que seguiria a mesma linha de Palmer afirmando que os direitos de propriedade intelectual ameaçam e prejudicam a livre troca de idéias na internet e possibilitam que as empresas defendam seus interesses corporativos exercendo um controle substancial sobre a expressão cultural e política.

[66] Ibidem, p. 32. Menell discorre sobre a teoria da justiça distributiva, referindo que considerações sobre esta teoria têm sido recentemente invocadas para justificar os direitos de propriedade intelectual, citando a rica argumentação de Rakovski no desenvolvimento de uma teoria da justiça com aplicação na distribuição de recompensas para as invenções desenvolvidas. Cita como exemplos atuais da manifestação da teoria da justiça distributiva os recentes acordos internacionais a respeito da proteção, propriedade e uso de recursos naturais.

[67] Ibidem, p. 33. Peter Menell cita também as teorias democráticas, destacando que Rosemary Coombe apresenta uma crítica pós-moderna do direito de propriedade intelectual, sustentando que a expansão do domínio da proteção da propriedade intelectual limita a capacidade dos indivíduos se expressarem. Conclui com as assertivas de Neil Netanel de que as teorias existentes sobre os direitos de propriedade intelectual podem prejudicar os princípios democráticos e articular um novo modelo para interpretação do copyright na era digital que busca promover uma sociedade civil democrática.

[68] Ibidem, p. 34/35. Como última das teorias não utilitaristas analisadas por Menell, ele destaca a teoria ecológica como aquela que, entre outros aspectos, se preocupa com os incentivos à biotecnologia, tendo em vista os riscos de conseqüências adversas para o meio ambiente através da liberação de organismos genéticos novos e a questão moral envolvendo a re-engenharia de organismos vivos.

[69] Destaca-se "propriedade industrial" porque este trabalho limita-se a algumas espécies da propriedade industrial (marcas, patentes e desenhos industriais), de modo que não é objeto, neste estudo, a análise das bases da propriedade intelectual considerando as demais espécies deste vasto ramo do conhecimento.

[70] Dando destaque para a análise das teorias utilitarista, do plano social, do trabalho e da personalidade.

sendo imperioso destacar a dificuldade encontrada em obter tratamentos sistemáticos similares àqueles conferidos por Fisher, Menell, Hughes e Tom G. Palmer[71] quanto à individualização das teorias da propriedade intelectual.

Nesse sentido, apesar de expressar uma visão limitada, muito se pode aprender lendo Monteiro Lobato, ao citar trechos da história que Dona Benta contava aos seus filhos: "Meus filhos, todas as invenções humanas têm um objetivo comum: poupar esforço, fazer as coisas com o mínimo trabalho possível. Desse modo o prazer do homem aumenta, porque o esforço é sempre desagradável".[72]

Essa visão destaca um nobre objetivo das invenções: facilitar a vida das pessoas, no sentido de trazer um maior número possível de benefícios à sociedade. Olhando a obra de ficção de Monteiro Lobato sob a perspectiva narrada por Dona Benta a respeito unicamente dos objetivos românticos das invenções, poder-se-ia enquadrar o autor como um filiado à teoria do plano social, pois as invenções estariam direcionadas ao bem estar da sociedade como um todo.

Denis Borges Barbosa, ao tratar da propriedade intelectual e sua função, ensina que:

> A raiz histórica e os fundamentos constitucionais da propriedade intelectual são muito menos naturais e muito mais complexos do que a da propriedade romanística; como se verá, disto resulta que – em todas suas modalidades – a propriedade intelectual é ainda mais funcional, ainda mais socialmente responsável, e seguramente muito menos plena do que qualquer outra forma de propriedade.[73]

---

[71] Sendo que o último (Tom Palmer), além de analisar detalhadamente as teorias da propriedade intelectual, defende que, enquanto a escassez é fator determinante para a existência de uma legislação protetora da propriedade tradicional, no caso da propriedade intelectual é o contrário, pois a legislação é criada justamente para evitar as cópias fáceis e, nesse sentido, para criar uma certa escassez valorativa dos direitos de propriedade intelectual. Essas seriam as conclusões de Palmer: "The key to all of this is scarcity. Without scarcity, an argument Based either on the realization of freedom or on finding a Solution to coordination games cannot generate a property Right. Tangible goods are clearly scarce in that there are conflicting Uses. It is this scarcity that gives rise to property rights. Intellectual property rights, however, do not rest on a natural Scarcity of goods, but on an "artificial, self created scarcity". That is to say, legislation or legal fiat limits the use of ideal Objects in such a way as to create an artificial scarcity that, it is Hoped, will generate greater revenues for innovators. Property Rights in tangible goods channeled them into their most highly valued uses. The possibility for exchanging transferable property titles means that holders of property will constantly rearrange the titles in search of profits Without scarcity this process would be unnecessary. But the attempt to generate profit opportunities by legislatively limiting access to certain ideal goods, and therefore to mimic the market processes governing the allocation of tangible goods, contains a fatal contradiction: It violates the rights to tangible goods, the very rights that provide the legal foundations with which markets begin". (PALMER, 1990, p. 49-50).

[72] LOBATO, Monteiro. *História das invenções*. 10. ed. São Paulo: Brasiliense, 1959, p. 27.

[73] BARBOSA (2003, p. 20).

Denis Borges Barbosa rejeita a teoria da propriedade intelectual como um direito natural, afirmando que o direito subjetivo sobre a criação intelectual nasce a partir de uma necessidade de restrição de direitos e liberdades, ou seja, para o autor a propriedade intelectual nasce da lei.[74]

Pontes de Miranda[75] aduz que:

> O bem incorpóreo intelectual é objeto de direito real independentemente de qualquer formalidade administrativa ou judiciária. As criações industriais somente se fazem objeto de direito real após a patenteação: e, exceptuada a indicação de proveniência, os sinais distintivos, após o registro.[76]

Em uma outra perspectiva mais relacionada com a teoria da personalidade, Newton Silveira se manifesta a respeito dos fundamentos dos direitos sobre bens imateriais e o ponto de início da discussão dos direitos do criador de obras intelectuais, afirmando que "o direito do criador intelectual sobre suas obras só foi sentido integralmente quando o homem se tornou capaz de reproduzir e difundir em escala ampla as obras do espírito".[77] Mais adiante, ao discorrer sobre o fundamento do direito de autor destaca que "o fundamento do direito sobre tais obras se explica pela própria origem da obra, do indivíduo para o mundo exterior".[78]

Diferentemente, na linha da teoria do trabalho, tem-se o entendimento de Tavares Paes que: "o direito industrial é regulado pelas formas de expressão de direito, concernindo à proteção do trabalho e sua aferição econômica. Para alguns o direito industrial é sinônimo de direito econômico".[79] A obra é anterior à Constituição Federal de 1988,

---

[74] BARBOSA (2003, p. 21 e 88).
[75] MIRANDA, Pontes de. *Tratado de Direito Privado* 2. ed. Parte Especial, T. XVII. Rio de Janeiro: Borsoi, 1956, p. 378.
[76] Para que possamos compreender as afirmações do Autor, tendo em vista que a obra de Pontes de Miranda é anterior à revisão de Estocolmo da Convenção da União de Paris e da própria criação da OMPI (1967), na época da redação do Tratado de Direito Privado, o termo "propriedade intelectual" possuía interpretação restritiva como abrangendo apenas os direitos autorais (direitos de autor e conexos aos direitos de autor), sendo que, conceitualmente, se diferenciava do termo "Propriedade Industrial". Atualmente, por força de evolução conceitual doutrinária e legislativa, o termo "Propriedade Intelectual" passou a abranger os direitos autorais e a propriedade industrial, de modo que esta passou a ser entendida também como uma espécie do gênero propriedade intelectual desde 1967.
[77] SILVEIRA, Newton. *A propriedade intelectual e as novas leis autorais.* 2. ed. São Paulo: Saraiva, 1998, p. 13.
[78] Ibidem, p. 15.
[79] PAES, Paulo Roberto Tavares. *Propriedade industrial.* São Paulo: Saraiva, 1982, p. 1.

entendendo-se que tal referência implícita exclusiva à teoria do trabalho não expressa a essência do mandamento constitucional atual compreendido no seu inciso XXIX do art. 5º.

Carla Eugênia Caldas Barros traz em suas considerações uma noção mais dialógica entre as teorias estudadas ao afirmar que "a criatividade é um bem moral do homem que nunca deverá ser esquecido nem mesmo quando os interesses econômicos delimitam o seu exercício e a sua exploração. Este deverá ser posto a serviço da humanidade, para o bem da humanidade e também deverá ser considerado como um bem que proteja os interesses do consumidor".[80]

Para José Carlos Tinoco Soares[81] a invenção é um direito de propriedade, mas ao mesmo tempo é um direito natural (o homem, desde os primórdios, encontrava as coisas à sua luz para utilizá-las), é um direito de ocupação (o homem exerce o seu direito de tomar posse daquilo que vê, que encontra, que depara, que acha) e, ainda, um direito intelectual (pois há o emprego da própria inteligência humana que modifica, transforma, adapta e idealiza).

Gama Cerqueira, em obra anterior à atual Constituição Federal de 1988, faz uma análise detalhada sobre diversas doutrinas a respeito da natureza e os fundamentos dos direitos de propriedade industrial, cabendo destacar as suas conclusões de que:

> o direito de autor é um direito natural de propriedade, e que o trabalho constitui a via de acesso a essa propriedade, o título legítimo de sua aquisição e não o seu fundamento. O Estado deve, pois, reconhecer e proteger o direito de autor, como uma exigência do Direito Natural, bem como regular a sua aquisição e exercício, de acordo com essa exigência e com as do bem comum.[82]

Bruno Jorge Hammes[83] citando a Lei de Veneza de 1474, assim se manifesta de uma forma mais abrangente:

> Reconhecer um direito de propriedade industrial, em especial um direito do inventor, é antes de mais nada uma questão de respeito. O progresso de um país, há mais de cem anos, apresenta-se diretamente relacionado com o grau de proteção que se tem dado aos inventores. É um fato histórico, independente da análise desse fenômeno. Já a Lei de Veneza, de 1474 (Parte Veneziana), enun-

---

[80] BARROS, Carla Eugênia Caldas. *Aperfeiçoamento e dependência em patentes*. Rio de Janeiro: Lúmen Júris, 2004, p. 21.

[81] SOARES (1998, p. 112).

[82] CERQUEIRA, op. cit., p. 147.

[83] HAMMES, Bruno Jorge. *O direito da propriedade intelectual – subsídios para o ensino*. São Leopoldo: Editora Unisinos, 1998, p. 32.

ciava as quatro justificativas habituais de uma lei de patentes: estímulo da atividade inventiva, compensação dos gastos investidos pelo empresário, direito do inventor sobre sua criação e utilidade social da invenção.

Percebe-se que o Prof. Bruno Jorge Hammes, apesar de não hierarquizar qual ou quais justificativa(s) para a existência de um sistema de patentes teria(m) maior peso, enunciava quatro delas, a saber:

1 – Estímulo da atividade inventiva: verifica-se nítida característica utilitarista nesta afirmativa, pois o Estado buscaria incentivar a atividade inventiva com o propósito do desenvolvimento;

2 – Compensação dos gastos investidos pelo empresário: nesta assertiva poderíamos defender uma incidência de duas teorias (utilitarista e do trabalho). Ou seja, utilitarista porque compensar os gastos investidos pelo empresário significa ter efetivo interesse em que ele continue investindo no desenvolvimento de novas tecnologias, de modo que haja um real incentivo ao desenvolvimento. Por outro lado, a teoria do trabalho também poderia estar presente no sentido de que a compensação seria uma recompensa justa pelo trabalho desenvolvido pelo empresário;

3 – Direito do inventor sobre sua criação: nítida influência da teoria da personalidade, tendo em vista expressar um sentimento claro de que o criador tem direito natural àquilo que criou, não sendo correto ignorar esse direito;

4 – Utilidade social da invenção: para finalizar, destaca também o Prof. Bruno esta vinculação necessária da invenção com uma utilidade social, expressando claramente uma adequação com a teoria do plano social.

No entanto, não hierarquiza ou explica de que forma tais objetivos devem ser alcançados, ou melhor, como deve ser interpretada esta pluralidade de objetivos que, de acordo com Bruno Hammes, fundamentam os direitos sobre determinada invenção.

Estes são alguns posicionamentos sobre as bases da propriedade intelectual que, apesar de distribuídos em momentos temporais, formas sistemáticas e enfoques diversos, podem ser perfeitamente enquadrados em uma ou mais das quatro teorias objeto do presente estudo.

Como se pretende sistematizar as teorias pertinentes à propriedade industrial[84] na realidade brasileira, levantamento doutrinário

---

[84] Conforme destacado no início, a pesquisa proposta está limitada à investigação das teorias aplicadas às marcas, patentes e desenhos industriais e não à propriedade intelectual como um todo, tendo em vista a programação de tempo e interesse científico específicos do pesquisador.

nacional[85] e internacional,[86] é de fundamental importância para que os resultados da pesquisa sirvam, efetivamente, como premissas para uma análise da atual compreensão da propriedade industrial pela doutrina e jurisprudência pátrias.

---

[85] Como visto na pesquisa feita em algumas obras de diversos doutrinadores nacionais, tem-se que não há, em uma primeira coleta bibliográfica, uma sistematização interpretativa das teorias da propriedade industrial sob estudo.

[86] Tomou-se inicialmente como base a análise do Prof. William Fisher e de Peter Menell das teorias da propriedade intelectual, tendo em vista que a pesquisa preliminar não localizou tratamento sistemático similar além deste.

4. A recepção das teorias pela Constituição Federal de 1988

Os direitos de propriedade industrial possuem diferentes enfoques protetores desejados pelo constituinte originário, conforme preceitua o artigo 5º, XXIX, da Constituição Federal de 1988,[87] sendo que seria um equívoco tratar da propriedade industrial de forma global sem atentar para as especificidades e essências de cada uma das espécies ora em estudo.

De início, deve-se destacar a importância do entendimento exposto por Juarez Freitas no seu quarto preceito para uma interpretação sistemática da Constituição: "Uma Interpretação sistemática constitucional deve buscar a maior otimização possível do discurso normativo":[88]

> Sob a égide desse preceito eminentemente integrador, resulta que, havendo dúvida sobre se uma norma apresenta eficácia plena, contida ou limitada, é de preferir a concretização endereçada à plenitude, vendo-se a imperatividade como padrão. Nesta senda, deve-se evitar, entre várias alternativas, as inviabilizadoras de qualquer eficácia imediata. Do contrário estar-se-ia cometendo o contra-senso de admitir norma ou princípio sem eficácia alguma. Nada mais contrário e lesivo à interpretação sistemática, pois, no núcleo essencial, todos os princípios gozam de aplicabilidade direta e imediata.

Ora, buscar a maior otimização possível do discurso constitucional normativo representa ter sempre em mente os vetores axiológicos desenhados pelo constituinte originário como desejados para o reco-

---

[87] Art. 5º (*omissis*): XXIX – a lei assegurará aos autores de inventos industriais privilégio temporário para sua utilização, bem como proteção às criações industriais, à propriedade das marcas, aos nomes de empresas e a outros signos distintivos, *tendo em vista o interesse social e o desenvolvimento tecnológico e econômico do País*. (o grifo é nosso).

[88] FREITAS, Juarez. *A interpretação sistemática do direito*. 4. ed. São Paulo: Malheiros, 2004, p. 197.

nhecimento, proteção e extensão de direitos de propriedade industrial endereçados ao bem-estar do povo brasileiro. Ou seja, tem-se como superada já por diversos doutrinadores, estando entre eles Ingo Wolfgang Sarlet,[89] a antiga consideração das normas constitucionais "programáticas" quando se analisam os direitos e garantias fundamentais dispostos no rol do art. 5º da CF/88.

Desta forma, sendo o mandamento constitucional contido no inciso XXIX do art. 5º uma norma de eficácia imediata e contendo princípios a serem observados e interpretados corretamente, as perguntas para as quais se buscam respostas não estão relacionadas com qual a teoria teria sido adotada pela nossa Constituição Federal em cada espécie do gênero propriedade industrial, mas sim em questionar qual seria a preponderância de cada uma das quatro teorias no norte traçado pelo constituinte originário.

Com efeito, consideram-se rumos traçados pelo constituinte de forma direta aqueles que fazem menção específica à propriedade industrial, como o disposto no final do inciso XXIX do artigo 5º que impõe o cumprimento do *interesse social e o desenvolvimento tecnológico e econômico do País* como limite e condição não apenas para toda e qualquer lei que venha a disciplinar a matéria, mas também para toda e qualquer interpretação que se faça da extensão dos direitos de propriedade industrial em situações concretas.

As previsões constitucionais consideradas indiretas seriam aquelas que fazem referência ao direito de propriedade *lato sensu* e ao próprio direito de concorrência, e que não podem ser ignoradas como normas relevantes para a interpretação dos limites, garantias e condições impostas ao titular dos direitos de propriedade industrial.

4.1. A preponderância das teorias nas patentes

No que tange à proteção por patentes dos *inventos industriais*, como literalmente trata o dispositivo constitucional, constata-se que o centro da proteção está no autor da invenção, enquanto que, ao abordar as demais criações industriais, marcas, nomes de empresas e outros

---

[89] Para um aprofundamento no assunto, ver SARLET, Ingo Wolfgang. *Constituição, direitos fundamentais e direito privado.* Porto Alegre: Livraria do Advogado, 2003.

signos distintivos, o constituinte originário ignora a pessoalidade, focando a proteção no bem jurídico e não na pessoa.

É evidente que tal distinção não é casual, sendo esta distinção de fundamental importância para o estudo da força preponderante de cada uma das quatro teorias nos rumos traçados para o nosso País através da assembléia constituinte.

Não se pode esquecer, por exemplo, no que tange às patentes na área da biotecnologia aplicada ou relacionada ao ser humano, que se deve estar atento para o princípio fundamental da dignidade da pessoa humana esculpido na Carta Magna de 1988.[90]

No exemplo dado (patentes na área da biotecnologia) deve-se ter o cuidado de não incidir no erro de que, uma vez concedida a patente para determinada tecnologia desenvolvida na área da biotecnologia, o produto resultante estaria "legalmente" autorizado pelo Estado. Contra tais "presunções" equivocadas e fora de sintonia com o sistema constitucional entendido na sua abertura, chama a atenção Vandana Shiva ao alertar que:[91]

> Quando os direitos de propriedade para formas de vida são reivindicados, isso se faz sob a alegação de que elas são novas, inéditas e inexistentes na natureza. Entretanto, quando chega o momento de os "proprietários" assumirem a responsabilidade pelas conseqüências de liberar no meio ambiente organismos geneticamente modificados (OGM), de repente, as formas de vida deixam de ser novas. Elas são naturais e, portanto, seguras, sendo a questão da biossegurança tratada como improcedente. Assim, para serem possuídos, os organismos são tratados como não-naturais; quando o impacto ecológico de liberar OGMs é questionado pelos ambientalistas, esses mesmos organismos passam a ser naturais. Essas concepções cambiantes do "natural" mostram que a ciência, que alega ter os níveis máximos de objetividade, é, na verdade, muito subjetiva e oportunista na sua abordagem da natureza.

Aprofundando um pouco a previsão constitucional formalmente enquadrada dentro dos Direitos e Garantias Fundamentais (art. 5º, XXIX, da CF/88) quanto aos ideais almejados pelo Estado, pode-se identificar as seguintes características gerais:

Interesse social: primeira constatação básica que deve ser extraída do texto constitucional, antes mesmo de abordar o interesse social

---

[90] Art. 1.º A República Federativa do Brasil, formada pela união indissolúvel dos Estados e Municípios e do Distrito Federal, constitui-se em Estado Democrático de Direito e tem como fundamentos: [...] III – a dignidade da pessoa humana;
[91] SHIVA, Vandana. *Biopirataria a pilhagem da natureza e do conhecimento.* Petrópolis-RJ: Vozes, 2001, p. 45.

propriamente dito, é a de que, no que tange às patentes, o texto está voltado a garantir aos "*autores* de inventos industriais privilégio temporário para sua utilização". Tal fato denota a preocupação do legislador constituinte com a pessoalidade das criações expressas por inventos, pois, caso pretendesse valorar em nível constitucional os direitos do "depositante" da patente (que, na maioria dos casos, são pessoas jurídicas para as quais os inventores cedem suas criações, seja por contrato de trabalho, de prestação de serviços ou por termo simples de cessão onerosa ou gratuita) teria expressamente substituído o termo "autores" por "titulares" ou "detentores".

A segunda (e mais importante) constatação está no fato de que a concessão de privilégios temporários para utilização de inventos industriais deve sempre ter em vista o interesse social. Ou seja, o privilégio temporário é justo e constitucionalmente permitido se o interesse social estiver sendo cumprido através da aplicação da legislação infraconstitucional.

Nesse sentido, Denis Borges Barbosa,[92] ao tratar dos limites do direito de patente, entende que "o que caracteriza a patente como uma forma de uso social da propriedade é o fato de que é um direito limitado por sua função: ele existe enquanto socialmente útil".

Como exemplo do cumprimento ou proteção do interesse social, verifica-se a previsão legal de proibição de patenteamento do que for "contrário à moral ou aos bons costumes" que, em determinados casos, além de envolver direitos e garantias fundamentais também envolve o núcleo essencial da dignidade da pessoa humana. Ou seja, há nítido interesse social em vedar o patenteamento de tudo que for contrário à moral ou aos bons costumes, devendo o intérprete do caso concreto levar em consideração as ponderações feitas por Luiz Henrique Cademartori, ao analisar as interações entre Política e Direito abordadas por Habermas quanto à necessidade de uma base de fundamentação moral, de que:[93]

> Esta constatação, inclusive, serve como base para uma formulação crítica, a esse respeito, direcionada ao modelo luhmanniano, na medida em que, segundo Habermas, a idéia de uma autolegitimação da instância política a partir do aparato estatal passa a sofrer "rachaduras" a partir do momento em que a teoria

---

[92] BARBOSA (2003, p. 472).
[93] CADEMARTORI, Luiz Henrique Urquhart. *As relações entre direito, moral e política sob as perspectivas procedimental-comunicativa e sistêmica: As visões de Habermas e Luhmann in Direito e Política*. Porto Alegre:Síntese, 2004, p. 183.

sistêmica confronta-se com a tarefa de pensar uma teoria do Estado sob a perspectiva de uma sociedade eticamente responsável e responsável pela ética. Explicando melhor esta questão, ainda na esteira da concepção habermasiana, com o advento da modernidade, o Direito correria o risco de reduzir-se à política caso suas normas estivessem apenas condicionadas às ordens do legislador político.

Ao tratar-se de interesse social, não se pode esquecer também do próprio interesse da sociedade na preservação das questões éticas envolvidas no trato do ser vivo, sendo importante lembrar, por exemplo, as críticas feitas por aqueles que defendem a não concessão de patentes na área da biotecnologia, conforme exposição feita por Ela Wiecko Volkmer de Castilho:[94]

> Uma corrente de cientistas e eticistas sustenta que os seres vivos, transformados ou não por engenharia genética, e os produtos de seus corpos não devem ser patenteados. Argumentam que: (a) as patentes só se aplicam e se justificam para invenções, não a descobertas. Os genes dos seres vivos e todos os meios dos quais eles se servem foram estruturados pela natureza num fantástico processo sinfônico que é a evolução orgânica, que nos deu origem, junto com todos os demais seres, e que remonta há mais de três bilhões de anos; (b) a concessão de direitos de propriedade industrial sobre partes do corpo humano estimula as tendências para a sua comercialização, a qual afronta a dignidade humana; (c) o material biológico humano deve ser considerado informação e ser armazenado em base de dados à livre disposição da comunidade científica; (d) o patenteamento de fragmentos de genes funcionais prejudica o Projeto Genoma Humano, já que este deve ser o resultado de uma cooperação internacional e não de uma concorrência entre laboratórios e países; por outro lado desestimula investigações mais aprofundadas; e que (e) o conhecimento científico é insuscetível de apropriação.

Em resumo, o ideal do interesse social é uma importante condicional de reconhecimento concreto dos direitos de propriedade industrial no Brasil, de modo que a expressão material (e não apenas formal) deste requisito constitucional elementar deve estar presente no reconhecimento e exercício dos direitos sobre as criações na área da propriedade industrial, o que pode ser traduzido como um acolhimento da teoria do plano social na Carta Política, sendo imperioso analisar esta condicional fundamental associada à condicional, também fundamental, do *desenvolvimento tecnológico e econômico do País*.

Desenvolvimento tecnológico e econômico do país: inicialmente é importante destacar que, apesar do mandamento Constitucional pre-

---

[94] CASTILHO, Ela Wiecko Volkmer de. Patentes de produtos de origem biológica. In: *Política de patentes em saúde humana*. São Paulo: Atlas, 2001, p. 82.

ver a condicionante do "desenvolvimento tecnológico e econômico do país", constata-se que, em um mundo totalmente interligado, o desenvolvimento nacional está extremamente vinculado à questões e decisões em contexto internacional. Ou seja, as opções legislativas feitas no sentido de estabelecer garantias e restrições ao exercício do direito sobre patentes decorrem, muitas vezes, de influências internacionais que, encaradas dentro de um projeto de desenvolvimento nacional, podem ou não atender, a médio e longo prazo, a condicionante do "desenvolvimento tecnológico e econômico do país".

Denis Borges Barbosa delimita a interpretação dos objetivos constitucionais na concessão de patentes ao examinar o Abuso por Desvio Teleológico:[95]

> Abuso, além de excesso de poderes, é também desvio de finalidade. As finalidades da patente têm, em nosso direito, um desenho constitucional. Como já visto, a patente tem por fim imediato a retribuição do criador, e como fim imediato o interesse social e o desenvolvimento tecnológico e econômico do País. Cada uma dessas finalidades implica em uma análise de uso compatível com o direito, e a indicação do uso contrário ou além do mesmo direito.
> A primeira faceta do abuso de direitos de patentes é a natureza da retribuição do criador. A carta não determina a recompensa monetária do inventor, como, outrora, na União Soviética, mas assegura a ele uma oportunidade exclusiva do uso de sua tecnologia para a produção econômica, ou seja, uma restrição à concorrência. Assim, o regime de patentes é uma exceção ao princípio de liberdade de mercado, determinada pelo art. 173, § 4º da Constituição, e radicada nos arts. 1º, inciso IV e 170, IV.
> Toda exceção a um princípio fundamental da Constituição importa em aplicação ponderada e restrita. Assim, a restrição resultante da patente se sujeita a parâmetros de uso que não exceda o estritamente necessário para sua finalidade imediata, qual seja, o estímulo eficaz, porém moderado e razoável ao inventor. Tudo que restringir a concorrência mais além do estritamente necessário para estimular a invenção, excede ao fim imediato da patente – é abuso.
> De outro lado, no mesmo plano constitucional, haveria, assim, um abuso no uso da patente em desvio de finalidade, ou seja, contra ou em afastamento do interesse social e o desenvolvimento econômico e tecnológico do Brasil.

No que tange especificamente às patentes, Peter Menell também destaca que seria necessária uma teoria mais refinada da recompensa,[96] onde o sistema de patentes tivesse o foco única e exclusivamente naquelas invenções que não seriam criadas ou que teriam sua criação

---

[95] BARBOSA (2003, p. 508).
[96] A qual seria sinônimo, se bem entende-se, da teoria do trabalho destacada no presente estudo, conforme disposto no capítulo precedente.

extremamente atrasada caso não houvesse o sistema de proteção por patentes.[97]

Estas observações de Menell, apesar de extremamente lógicas e pertinentes, não expressam a preponderância das teorias que se entende como justificadoras do sistema de patentes no Brasil.

Tanto a teoria do trabalho quanto a teoria da personalidade possuem uma certa influência no espírito do dispositivo constitucional específico e também na própria essência fundadora da Carta Política de 1988, no entanto, analisando-se especificamente o norte traçado do "desenvolvimento econômico e tecnológico do País", entende-se que prepondera, neste aspecto, uma incidência da teoria utilitarista em relação às outras duas mencionadas.

O legislador constitucional andou muito bem ao estabelecer esta harmonia justificadora do sistema de patentes, possibilitando (impondo) ao legislador ordinário a tarefa de estabelecer normas eficazes e justas para evitar abusos do proprietário ou desvios injustificados na utilização prática do sistema de patentes, conforme se percebe nas preocupações atuais de William Landes e Richard Posner[98] no uso do sistema de patentes para obtenção de patentes defensivas ou supressivas:

> Além disso, patentes freqüentemente são buscadas não porque o requerente considera o patenteamento um método mais efetivo de recuperar os seus custos fixos com inovação melhor do que o segredo de negócio ou tempo de liderança (sua cabeça começa antes dos concorrentes e o resultado da vantagem da curva do conhecimento permanece até que os concorrentes o imitem), mas porque ele quer impedir os concorrentes de usarem a sua inovação sem pagar a alguém retribuição decorrente de uma licença. Quanto mais rápido patentes são concedidas e são mantidas pelos Tribunais, mais ampla é a proteção que eles conferem, melhor é o incentive para a realização de patentes defensivas do tipo descrito, patenteando não pela inabilidade de recuperar os custos fixos da invenção por outros meios.

---

[97] MENELL, op. cit., p. 146: "More recently, a number of scholars have developed more sophisticated theories of how the patent system can best promote social welfare. See generally Kitch (1998), ODDI (1996) and DAM (1994). Reflecting concern about the social costs of monopoly power, SCHERER (1980, p. 443-50) has refined the standard reward theory to emphasize that the patent system should focus upon rewarding only those inventions that would not be forthcoming (or would be substantially delayed) without patent protection. In this view, patent protection would only be available for those inventions that are induced by the patent system itself (see also Oddi, 1996, p. 275-281)".

[98] LANDES, William e POSNER, Richard. *The economic Structure of intellectual property law*. The Belknap Press of Harvard University Press, Cambridge, Massachussetts, and London, England, 2003, p. 320-21.

Patente defensiva deve ser diferenciada de patente supressiva. O requerente de patente defensiva não está tentando impedir que a nova tecnologia venha para o mercado. Mas existe um número de bem documentados casos de empresas adquirindo ou desenvolvendo uma nova tecnologia, requerendo a patente, e então decidindo não produzir ou licenciar o produto patenteado, apesar de ser comercialmente promissor. Esse tipo de patente supressiva pode representar um comportamento economicamente racional. Suponha-se que A e B são competidores, e A acredita que possua uma nova tecnologia que é compatível com os métodos de produção de B, mas não com os seus próprios métodos de produção, e se B adotar essa tecnologia ele teria um diferencial competitivo. Talvez A nestas circunstâncias tenha um incentive racional para gastar alguns recursos para impedir B de adotar essa nova tecnologia, requerendo a patente em primeiro lugar. Uma alternativa seria licenciar o uso da patente para B em um percentual de *royalties* alto o suficiente para extrair quase todo o benefício da tecnologia de B. Mas A poderia ficar relutante em fazer isso por temer que B, trabalhando com a nova tecnologia poderia desenvolver uma tecnologia ainda melhor e então ter uma vantagem sobre A. Poderia ser difícil calcular um valor de licença que protegesse A de ser prejudicado por tal eventualidade – ou negociar um valor sem revelar as preocupações de A em relação a B.

Provavelmente, a razão mais comum para a patente supressiva, apesar disso, seja inocente: depois de obter a patente o titular fica com os pés frios, duvidando se a despesa em realmente produzir o produto novo ou adotar o novo processo é proporcional à expectativa de retorno. Licenciar permanece sendo uma opção, mas envolve, como exposto anteriormente, custos significantes de transação. Nós não precisamos investigar mais fundo nesse aspecto de patente supressiva. Nossa questão é apenas de que patentes são algumas vezes supressivas e esse é um exemplo de como elas podem realmente atuar como impedimento ao progresso tecnológico.[99]

---

[99] Texto original: "Furthermore, patents often are sought not because the applicant considers patenting a more effective method of recapturing his fixed costs of innovation than trade secrecy or lead time (his head start over competitors and the resulting learning curve advantage that will persist after his competitors imitate him), but because he wants to prevent others from obtaining a patent that might be used to prevent him from using his innovation without paying someone else a licensing fee. The more readily patents are granted and are upheld in court and the broader the legal protection they confer, the greater the incentive for defensive patenting of the kind just described, patenting not motivated by inability to recover the fixed costs of invention by other means.

Defensive patenting must be distinguished from patent suppression. The defensive patentee is not trying to prevent the emergence of a new technology. But there are a number of well-documented cases of firms' acquiring or developing a new technology, patenting it, and then deciding not to make or license the patented product even though it is commercially promising. Such patent suppression can be economically rational behavior. Supose A and B are competitors, and A believes that there is a new technology that would be compatible with B's production methods but not with his own and that if adopted by B would give B a decisive competitive advantage. A might in these circumstances have a rational incentive to expend some resources on preventing B from adopting the new technology, by patenting it first. An alternative would be to license

Ilustrando este uso desviado dos objetivos fundamentais do sistema de patentes, Landes e Posner, nas notas de rodapé dos trechos citados, trazem exemplos claros de posicionamento de empresas nesse sentido "estratégico", destacando o pronunciamento de um advogado de patentes da Hewlett Packard que afirmou: "Nós obtemos patentes não para proteger nossos próprios produtos, mas porque isso nos dá poder de impedir que outros ingressem em áreas que queiram participar".[100]

Portanto, a condicionante constitucional do desenvolvimento econômico e tecnológico do País deve ser lida sempre em harmonia com a condicionante do interesse social e com a própria essência contida nos demais dispositivos constitucionais, sob pena de ter-se uma preponderância única de uma visão utilitarista não desejada, desta forma, pelo constituinte originário.

Com efeito, conclui-se que na nossa Carta Magna de 1988 existe uma preponderância harmônica das teorias utilitarista e do plano social em relação à proteção e exercício de direitos sobre patentes, o que não exclui a incidência em menor grau das teorias do trabalho e da personalidade. Isso porque o dispositivo constitucional fala em assegurar proteção aos *AUTORES de inventos industriais*, de modo que existe uma intencionalidade do legislador originário em atribuir uma determinada pessoalidade na proteção constitucionalmente prevista.

Assim como o dispositivo constitucional, ao estabelecer um *privilégio temporário para utilização*, assegura ao autor do invento também uma disponibilidade pessoal dos frutos do seu trabalho, de modo que não se pode negar, apesar de que em menor grau em relação às teorias utilitarista e do plano social, a incidência também da teoria do trabalho.

---

the use of the patent to B at a royalty rate high enough to extract most of the benefit of the technology to B. But A might be reluctant to do that because of fear that in working with the new technology B would develop still better technology and so steal a march on A. It might be costly to calculate a license fee that would protect A from being harmed by such an eventuality – or to negotiate the fee without revealing A's concern to B.
Probably the most common reason for patent suppression, however, is innocent: after obtaining the patent the patentee gets cold feet, doubting that the expense of actually producing the new product or adopting the new process is commensurate with the expected return. Licensing remains an option but involves, as just suggested, significant transaction costs.
We need not delve any deeper into the issue of patent suppression. Our point is only that patents are sometimes suppressed, and this is an example of how they can actually impede technological progress".
[100] Texto original: "We get patents not to protect our own products, but because it gives power to exclude in areas where other might want to participate".

Um dos exemplos que se pode citar como importantes para buscar uma aplicação harmônica das teorias e suas preponderâncias desejadas pelo legislador constituinte é o caso da aplicação do instituto da licença compulsória, regulado por lei ordinária e tratados internacionais, sendo fundamental deter-se um pouco nesse estudo, o qual será feito no capítulo 5 seguinte.[101]

4.2. A preponderância das teorias nos desenhos industriais

Pela nossa legislação ordinária (Lei 9.279/96) os desenhos industriais não são considerados "inventos industriais", mas sim se inserem no conceito mais amplo de "criações industriais",[102] estando também sobre o abrigo específico do inciso XXIX do art. 5º da Constituição Federal de 1988.

Esta diferenciação inicial é importante porque enquanto a Carta Magna estabelece um privilégio temporário para os *autores* de inventos industriais, ou seja, estabelece uma certa pessoalidade e temporalidade decorrentes da simples leitura do texto, no caso dos desenhos industriais a norma constitucional estabelece tão somente uma obrigação da lei em assegurar uma proteção às criações industriais.

Com efeito, assim como no caso abordado das patentes existe uma vinculação do ordenamento jurídico e de interpretação nos casos concretos quanto à necessidade de observância do interesse social e desenvolvimento econômico e tecnológico do país, quando estabelecida qualquer proteção ou exercício de direitos sobre registros de desenhos industriais.

---

[101] Apenas para adiantar a análise a ser feita no capítulo 5, suscitando uma das problemáticas atuais que envolvem o sistema de patentes, traz-se as importantes e atuais constatações de BARROS, op. cit., p. 113, afirmando que: "Vê-se, ainda, que o instrumento da licença compulsória, explanado de forma resumida, também é um elemento de regulação de mercado. Este trabalho tem por objetivo demonstrar e comprovar que o mesmo não se pode dizer em relação à patente dependente e licença cruzada porque, com esses institutos jurídicos, a limitação da propriedade do detentor da patente dependente e a função social da propriedade, conforme cânones constitucionais, não são respeitadas. Neste caso, a licença compulsória cruzada não é um elemento de correção de abuso e sim uma prática abusiva de domínio de mercado, o que não facilita o desenvolvimento tecnológico, já que requer a autorização de exploração ao detentor da patente dominante".

[102] Lei 9.279/96. Art. 95 – Considera-se desenho industrial a forma plástica ornamental de um objeto ou o conjunto ornamental de linhas e cores que possa ser aplicado a um produto, proporcionando resultado visual novo e original na sua configuração externa e que possa servir de tipo de fabricação industrial.

Importante salientar que a doutrina anterior à nova Lei da Propriedade Industrial de 1996 trata dos "desenhos e modelos industriais", enquanto que a atual legislação unificou essas duas espécies dentro de uma única denominação de "desenhos industriais".

Outro aspecto importante é que, por expressa previsão legal, quando se fala em desenho industrial não se fala em "patente de desenho industrial", mas sim de "registro de desenho industrial", abandonando-se assim as antigas denominações do revogado Código da Propriedade Industrial de 1971.

Portanto, a antiga conceituação de Gama Cerqueira,[103] anterior à Constituição Federal de 1988 e à atual Lei da Propriedade Industrial de 1996, de que "o direito que compete ao autor de desenhos ou modelos industriais é idêntico, em sua natureza e nos seus fundamentos, ao direito do inventor, gozando da mesma proteção que este direito" não estaria mais condizente com o que se entende por essência e fundamentos da proteção das criações industriais expressas através de desenhos industriais.

Seguindo esse norte, tem-se que no caso dos desenhos industriais permanece a condicionante constitucional do atendimento do *interesse social e desenvolvimento econômico e tecnológico do país*, de modo que se verifica igualmente uma preponderância da harmonia entre as teorias utilitarista e do plano social.

Nesse sentido de acolhimento das teorias utilitarista e do plano social, defendendo que o próprio conceito legal para proteção do desenho industrial se distancia do conceito da arte do design em si, importante destacar as ressalvas de Frederico Carlos da Cunha:

> Mas o conceito proposto pela nova lei de patentes foi estabelecido para atender tão somente as necessidades e características pertinentes ao sistema da propriedade industrial. Não se trata, portanto, de um conceito representativo da arte do *design* em si, não do ponto de vista acadêmico, filosófico ou profissional, mas apenas para atender ao aspecto da proteção legal.[104]

Para compreender o afirmado por Frederico, mister se faz reproduzir o conceito legal de desenho industrial (Lei 9.279/96):

> Art. 95. Considera-se desenho industrial a forma plástica ornamental de um objeto ou o conjunto ornamental de linhas e cores que possa ser aplicado a um

---

[103] CERQUEIRA, op. cit.
[104] CUNHA, Frederico Carlos da. *A proteção legal do design*. Rio de Janeiro:. Lucerna, 2003, p. 18.

produto, proporcionando resultado visual novo e original na sua configuração externa e que possa servir de tipo de fabricação industrial.

Tal conceito previsto na legislação ordinária não significa dizer que as teorias do trabalho e da personalidade não teriam incidência nos desígnios constitucionais analisados de forma sistemática, mas sim que a preponderância destas duas teorias nas criações intelectuais expressas através de desenhos industriais, apesar de exercer um papel importante, é subsidiária ou acessória e não principal.

Indo mais além, pode-se afirmar que a teoria da personalidade teria uma maior preponderância sobre a teoria do trabalho ao tratar-se dos desenhos industriais, tendo em vista a própria essência desse tipo de criação intelectual que se aproxima muito da essência dos direitos autorais.[105]

4.3. A preponderância das teorias nas marcas

Deve-se notar a sutileza intencional[106] do legislador constituinte ao estabelecer o texto do inciso XXIX do art. 5º da Carta Magna de 1988 em relação à "proteção à propriedade das marcas", sendo a única espécie de direito sobre criações intelectuais prevista pelo constituinte originário a ser alçada, constitucionalmente, a um direito de propriedade.

Isso não quer dizer que a lei ordinária não possa reconhecer o direito sobre determinada patente ou desenho industrial como direitos de propriedade, mas tão somente que tal reconhecimento não é de

---

[105] Para se compreender melhor a preponderância da teoria da personalidade em relação à teoria do trabalho que se sustenta e a proximidade das criações intelectuais protegidas por desenhos industriais daquelas protegidas por direitos autorais, importante analisar os posicionamentos da doutrina a respeito da possibilidade ou não de uma obra intelectual possuir, simultaneamente ou sucessivamente, proteção pelo sistema de desenhos industriais e de direitos autorais. Para tanto sugere-se a leitura de SILVEIRA, Newton. *Direito de autor no desenho industrial*. Artigo publicado nos Anais do XXIII Seminário Nacional da Propriedade Intelectual, 2003, p. 27-34, entre outros autores, uns que aceitam e outros que não aceitam a dualidade cumulativa ou subsidiária de proteção do design, tais como José Carlos Tinoco Soares, Frederico Carlos da Cunha, Delia Lypszyc e Carlos Villaba.

[106] Fala-se intencional porque qualquer interpretação que venha a entender como "casual", "descuidada" ou "não intencional" a redação atribuída pelo constituinte originário é no mínimo temerária, tendo em vista que não se pode supor que a Lei Maior do País contenha desígnios "equivocados", pois tal suposição corrompe o sistema como um todo.

ordem direta e explícita constitucional como o é a definição da marca como um direito de propriedade em sede constitucional.

Destaca-se este aspecto porque as demais espécies de direito objeto deste inciso são ou um "privilégio temporário para sua utilização" (patentes) ou uma "proteção" às criações industriais, aos nomes empresariais e aos demais signos distintivos, sem mencionar o texto constitucional o termo "propriedade" para essas demais criações.

Outra questão conceitual interessante de se notar é que enquanto a CUP reconhece expressamente o nome comercial como direito de propriedade industrial,[107] a LPI[108] e o Código Civil de 2002 excluem esse direito da conceituação de "propriedade", de modo que é nítido que a Constituição Federal não eleva os direitos sobre o nome comercial (ou nome empresarial, conforme nova denominação atribuída pelo Código Civil de 2002) à categoria de direito de propriedade, assim como a legislação ordinária também não o faz.

No que tange à definição de marca registrável, verifica-se que o art. 122 da LPI define com clareza que são suscetíveis de registro como marca os sinais distintivos, visualmente perceptíveis, não compreendidos nas proibições legais. Para ter proteção jurídica, toda a marca deve distinguir um produto de outro (função distintiva), ser perceptível visualmente (vedando-se no sistema brasileiro o registro de marcas sonoras ou olfativas) e não deve estar compreendida nas proibições legais descritas no art. 124 da LPI.

Com efeito, de acordo com Tinoco Soares:

> [...] as leis dos mais diversos países, tanto as mais antigas como também as atuais, não tem a preocupação de definir ou mesmo conceituar o que seja uma marca. Dão-nos, no entanto, as inúmeras possibilidades do que pode ou não pode ser suscetível de registro como marca.[109]

---

[107] Art. 1º (2) A proteção da propriedade industrial tem por objeto as patentes de invenção, os modelos de utilidade, os desenhos ou modelos industriais, as marcas de serviço, o nome comercial e as indicações de procedência ou denominações de origem, bem como a repressão da concorrência desleal.

[108] Art. 2º A proteção dos direitos relativos à propriedade industrial, considerado o seu interesse social e o desenvolvimento tecnológico e econômico do País, efetua-se mediante:
I – concessão de patentes de invenção e de modelo de utilidade;
II – concessão de registro de desenho industrial;
III – concessão de registro de marca;
IV – repressão às falsas indicações geográficas; e
V – repressão à concorrência desleal.

[109] SOARES (2003, p. 111).

Tinoco Soares citando Edmond Picard assevera que a teoria que concerne aos direitos "reais e pessoais" não pode ser descartada, destacando que Picard defende que "o único que pode servir de base para uma classificação é o objeto do direito. Pois bem: esse objeto é constituído pelas 'coisas' do mundo material (e quando assim seja estaremos na presença de um 'direito material'); ou é constituído por 'ações', positivas ou negativas, de outras pessoas (em cujo caso estaremos na presença de um 'direito pessoal'), ou finalmente são os produtos ou inteligência do homem ou esses valores emergentes dos SINAIS DISTINTIVOS que não são COISAS, nem dependem de ação ou inação das pessoas, mas que, sem dúvida, têm um valor patrimonial evidente. Para estes propõe-se a inclusão de um novo termo na clássica divisão bipartida, o de 'direitos intelectuais'".[110]

Diferente das patentes e dos desenhos industriais, as marcas podem ser objeto de ocupação quando abandonadas pelo seu titular/criador originário, assim como podem ser objeto de propriedade de diferentes titulares desde que, em regra, aplicadas a produtos e serviços que não causem confusão ou associação indevida nos consumidores.

O art. 4º, VI, do Código de Defesa do Consumidor Brasileiro (Lei nº 8.078/90) possui dispositivo expresso que relaciona os direitos de propriedade industrial (abrangência e limitações) como um dos preceitos fundamentais da política nacional das relações de consumo:

> Art. 4º A Política Nacional de Relações de Consumo tem por objetivo o atendimento das necessidades dos consumidores, o respeito à sua dignidade, saúde e segurança, a proteção de seus interesses econômicos, a melhoria da sua qualidade de vida, bem como a transparência e harmonia das relações de consumo, atendidos os seguintes princípios:
> (...)
> VI – coibição e repressão eficientes de todos os abusos praticados no mercado de consumo, inclusive a concorrência desleal e utilização indevida de inventos e criações industriais, das marcas e nomes comerciais e signos distintivos, que possam causar prejuízos aos consumidores;

---

[110] SOARES, José Carlos Tinoco. *Marcas vs. nome comercial – conflitos*. São Paulo: Jurídica Brasileira, 2000, p. 77.

Importante destacar que a marca, na atualidade do mercado de consumo, desempenha papel diferente das patentes e dos direitos autorais, conforme destacam Posner e Landes:[111]

> Marcas são uma forma distinta de propriedade intelectual em relação às patentes e direitos autorais. Em alguns aspectos o direito de marcas se aproxima do direito da concorrência (de fato, de um ponto de vista técnico, o direito de marcas é parte da seção do direito da concorrência conhecido como "concorrência desleal") do que do direito de propriedade, pensando que existe uma passagem considerável e a economia básica da propriedade continua sendo relevante. Não apenas o direito de marcas é altamente ameno para análises econômicas, mas também a proteção legal das marcas possui uma eficiência mais racionalmente segura do que a proteção legal de trabalhos inventivos e expressivos.[112]

Além dos direitos sobre marcas serem originados de princípios próprios e, atualmente, extremamente vinculados à proteção dos interesses dos consumidores, tem-se que tais direitos possuem uma justificação empiricamente mais fácil de ser atingida do que a justificação dos atuais sistemas de patentes e direitos autorais.

Interessante observar a curva feita pela evolução histórica do direito marcário que, de início e até recentemente, possuía um cunho predominantemente de regulação e proteção de direitos individuais entre concorrentes.

Com a Constituição Federal de 1988 e logo após com o Código de Defesa do Consumidor Brasileiro de 1990, verifica-se um nítido desejo/necessidade legal de que o direito marcário efetivamente atenda a um fim social, de modo que a tutela do consumidor no mercado de consumo passa a exigir também um direito de propriedade sobre marcas mais dialógico para evitar "os abusos praticados no mercado de consumo".

---

[111] LANDES, William e POSNER, Richard. *The economic Structure of intellectual property law*. The Belknap Press of Harvard University Press, Cambridge, Massachussetts, and London, England, 2003, p. 166.

[112] Texto original: Trademarks are a distinct form of intellectual property from patents and copyrights. In some respects trademark law is closer to tort law (indeed, from a technical legal standpoint, trademark law is part of the branch of tort law know as "unfair competition") than to property law, though there is considerable overlap and the basic economics of property continues to be relevant. Not only is trademark law highly amenable to economic analyses, but the legal protection of trademarks has a more secure efficiency rationale than the legal protection of inventive and expressive works".

Isso não quer dizer que há mais de duas décadas não havia uma preocupação legal com os abusos praticados contra e pelos titulares de direitos marcários, mas sim que a repressão a estes abusos visava muito mais satisfazer os interesses ou solucionar conflitos entre concorrentes do que atingir um interesse social ou preocupar-se com os prejuízos que tais abusos pudessem gerar ao próprio consumidor.

Mais uma vez verifica-se com clareza a adoção constitucional da preponderância das teorias utilitarista e do plano social especificamente no direito sobre marcas, e uma ínfima ou quase inexistente influência das teorias da personalidade e do trabalho.

No que tange à teoria da personalidade, destaca-se que o direito marcário, ao adotar o princípio da especialidade ou especificidade, possibilita que se adquira a propriedade sobre determinada marca já existente no mercado, desde que a mesma seja aplicada a outro ramo mercadológico diverso do ramo do titular originário desta marca. Ou seja, possibilita que nenhuma expressão da personalidade seja necessária para garantir ao legítimo interessado a propriedade de determinada marca existente, mas para distinguir produtos ou serviços diversos.

É claro que existem marcas que são protegidas pelo direito marcário, mas que também possuem alto grau de criatividade e trabalho envolvidos na sua concepção, como, por exemplo, o boneco composto por diversos objetos circulares em formato de pneus que identifica os pneus Michelin. Mas tais aspectos personalíssimos e originais podem e devem ser protegidos por direitos autorais, de modo que a essência do direito marcário visa uma proteção da marca para evitar os abusos no mercado de consumo e os conseqüentes prejuízos gerados tanto para os concorrentes quanto para os consumidores.

Maurício Lopes de Oliveira[113] destaca que: "definitivamente, pode-se concluir que, juridicamente, a função da marca se reconduz a uma indicação de proveniência de produtos ou serviços".

Não é nada natural o direito sobre determinada marca enquanto direito marcário, no entanto, enquanto direito autoral[114] determinada

---

[113] OLIVEIRA, Maurício Lopes de. *Propriedade Industrial – o âmbito de proteção à marca registrada*. Rio de Janeiro, Lúmen Júris, 2000, p. 7.

[114] SOARES, José Carlos Tinoco (2000, p. 76), defende que "quando o artista, graças a sua imaginação, consegue dar cunho todo pessoal e quiçá *sui generis*, além de se constituírem em marcas válidas (dada a sua finalidade precípua), podem ser também objeto de proteção como Direito de Autor".

marca pode vir a conter extrema originalidade capaz de ser protegida como um direito natural vinculado às teorias da personalidade e do trabalho.[115]

---

[115] Apesar de não ser objeto deste trabalho, cumpre destacar que o direito autoral possui natureza jurídica diversa da propriedade industrial, sendo que não há previsão ou vinculação constitucional direta de cumprimento do interesse social e desenvolvimento econômico e tecnológico do País. Desta forma, dentro do nosso sistema constitucional brasileiro, diferentemente da previsão constitucional feita para a propriedade industrial, entende-se existir uma forte preponderância da teoria da personalidade, a qual deve predominar quando da interpretação da extensão e limites no exercício desses direitos.

5. Análise da adequação da legislação infraconstitucional às exigências feitas pela Constituição Federal de 1988

Em recente artigo desenvolvido por Joseph E. Stiglitz,[116] prêmio Nobel em economia e Professor de Economia da Universidade de Columbia, destacam-se as preocupações expressas a respeito do atual distanciamento da legislação internacional sobre propriedade intelectual e os interesses dos países em desenvolvimento.

O referido artigo do autor acima destaca que o sistema ideal de propriedade intelectual para um país em desenvolvimento deve ser diferente do sistema ideal para um país desenvolvido e que as negociações sobre proteção e exercício de direitos de propriedade intelectual nunca deveriam ter sido incluídas no âmbito da OMC (TRIPS como resultado).[117]

---

[116] STIGLITZ, Joseph E. Intellectual-property rights and wrongs. Disponível em http://www.dailytimes.com.pk/default.asp?page=story_16-8-2005_pg5_12. Acessado em 20/08/2005.

[117] "[...]. Unfortunately, the trade negotiators who framed the intellectual-property agreement of the Uruguay trade round of the early 1990's (TRIP's) were either unaware of all of this, or more likely, uninterested. I served on the Clinton administration's Council of Economic Advisors at the time, and it was clear that there was more interest in pleasing the pharmaceutical and entertainment industries than in ensuring an intellectual-property regime that was good for science, let alone for developing countries.
I suspect that most of those who signed the agreement did not fully understand what they were doing. If they had, would they have willingly condemned thousands of AIDS sufferers to death because they might no longer be able to get affordable generic drugs? Had the question been posed in this way to parliaments around the world, I believe that TRIP's would have been soundly rejected. Intellectual property is important, but the appropriate intellectual-property regime for a developing country is different from that for an advanced industrial country. The TRIP's scheme failed to recognize this. In fact, intellectual property should never have been included in a trade agreement in the first place, at least partly because its regulation is demonstrably beyond the competency of trade negotiators.
Besides, an international organization already exists to protect intellectual property. Hopefully, in WIPO's reconsideration of intellectual property regimes, the voices of the developing world

Em uma abordagem geral a respeito do processo legislativo ideal e o processo ideal de mercado, a qual se traz para ilustrar as preocupações de Stiglitz relacionadas à propriedade intelectual, Rawls destaca que ambos são concebidos para atingir objetivos diferentes, sendo que o processo ideal de mercado visa a eficiência enquanto que o processo legislativo ideal visa a justiça. Além disso, o mercado ideal é um processo perfeito quanto ao seu objetivo, sendo o legislativo ideal um procedimento imperfeito.

Desta forma, como leciona Rawls[118] "a teoria econômica não se adapta ao procedimento ideal", visto que a aplicação da teoria econômica ao processo constitucional apresenta graves limitações, sendo pertinentes as observações de Stiglitz a respeito da diversidade de interesses que deve gerar modelos de proteção da propriedade intelectual próprios a cada País, sem que isso represente desrespeito a padrões mínimos de proteção internacionalmente reconhecidos ou até mesmo universalizáveis.

Com esta base e com foco na condicionante constitucional já citada, pretende-se efetuar uma análise crítica da legislação de propriedade industrial quanto à sua sintonia com os mandamentos constitucionais, e conseqüentemente, quanto à sua sintonia a respeito da abordagem das quatro teorias anteriormente expostas.

5.1. As patentes

De acordo com a análise precedente e no sentido de observar as teorias da propriedade industrial preponderantes no nosso sistema jurídico, quais sejam as teorias utilitarista e do plano social,[119] é interessante analisar o chamado "lado negro" do sistema de patentes, conforme constatações feitas por Adam Jaffe e Josh Lerner,[120] a respeito de certas utilizações do sistema de patentes estadunidense na

---

will be heard more clearly than it was in the WTO negotiations; hopefully, WIPO will succeed in outlining what a pro-developing intellectual property regime implies; and hopefully, WTO will listen: the aim of trade liberalization is to boost development, not hinder it".

[118] RAWLS, John. *Uma teoria da justiça*. São Paulo: Martins Fontes, 2002, p. 400.

[119] Sem nunca esquecer que se defende uma preponderância destas duas teorias e não uma absolutização das mesmas, tendo em vista que estão presentes, em menor grau de influência, as teorias do trabalho e da personalidade.

[120] JAFFE, Adam B. LERNER, Josh. *Innovation and Its Discontents – How our broken patent system is endangering innovation and progress, and what to do about it*. United States: Princeton University Press, 2004, p. 56-57.

realidade contemporânea, de modo a demonstrar os cuidados a serem seguidos pela legislação na nossa realidade brasileira para evitar certos desvios já ocorridos e constatados em sistemas mais avançados:

> Ainda mais preocupante, algumas empresas têm claramente deixado de enxergar as patentes como armas defensivas (para serem usadas para proteger as inovações das empresas da imitação de outras empresas) e ao invés disso como armas ofensivas (para serem usadas como ameaças e para interromper os planos em andamento e futuros dos concorrentes).
>
> O aumento dos litígios envolvendo patentes que vem ocorrendo nas últimas duas décadas pode ter certa conexão com uma tendência geral de uma sociedade mais litigiosa. É também parcialmente devido ao aumento de pedidos de patente; quanto mais patentes existem, mais motivos existem para se lutar. Mas também existe um motivo menos natural de forças trabalhando. Com a criação do CAFC[121] e as suas regras que tornaram mais fácil para um titular de uma patente em impor o seu direito, o incentivo para ingressar com ações judiciais foi aumentado. Além disso, a desastrosa deteriorização dos padrões de exame do lotado de trabalho PTO plantou as sementes para milhares de nocivas patentes ervas-daninhas, que estão agora brigando umas com as outras – assim como brigando com as flores e vegetais de valor – para tomar conta do jardim.[122]

Ou seja, mesmo em um sistema eminentemente utilitarista estadunidense, as normas e procedimentos atuais infraconstitucionais em relação ao sistema de patentes estão sendo apontados como problemáticos por alguns autores, estimulando uma distorção perigosa nos

---

[121] Court of Appeals for the Federal Circuit – CAFC: A partir de 1982 o Congresso Nacional dos EUA decidiu por centralizar o julgamento das apelações envolvendo casos de patentes em uma única Corte de Apelações (CAFC) ao invés do sistema anterior que envolvia a competência de 12 Cortes de Apelação Regionais. Essa nova Corte de Apelação passou a interpretar de forma mais flexível a lei de patentes, tornando mais fácil a obtenção de patentes junto ao USPTO, mais fácil o exercício de direitos dos detentores de patentes contra os eventuais violadores, possibilitando indenizações muito maiores, assim como esta nova Corte de Apelação, através de suas interpretações extremamente protetoras das patentes, tornou mais difícil para que os acusados de infração de patentes possam contestar a validade da patente (Adam Jaffe e Josh Lerner, Ob. Cit., p. 2).

[122] Texto original: "Even more worrisome, some firms have clearly ceased to see patents as defensive weapons (to be used to protect the firms innovations from imitation by others) and wield them instead as offensive weapons (to be used to threaten and disrupt the ongoing and future business plans of competitors).
The escalation of patent litigation that has occurred over the last two decades may be due in part to a general trend toward a more litigious society. It is also partly due to the escalation in patenting; the more patents there are, the more there are to fight over. But there is also a less natural set of forces at work. With the creation of the CAFC and its rulings that make it easier for a patentee to prevail, the incentive to sue has been ratcheted upward. And the disastrous deterioration in the examination standards of the overworked PTO has planted the seeds for thousands of noxious patent weeds, which are now fighting with each other – as well as with the valuable flowers and vegetables – to take over the garden".

objetivos que justificam a existência do sistema de patentes como é conhecido.

É aí que a inteligência da Carta Magna de 1988 é sublime ao expressar esse balanceamento saudável que deve prevalecer em toda a legislação infraconstitucional para que a preponderância harmônica das teorias utilitarista e do plano social sejam refletidas na realidade prática brasileira.

A LPI é considerada a principal lei ordinária nacional que regulamenta os requisitos, procedimentos, formas de proteção e exercício de direitos relacionados às patentes no Brasil. Em seu artigo 2º a LPI já reproduz o mandamento constitucional do interesse social e desenvolvimento econômico e tecnológico do País.[123]

O art. 40 da LPI[124] estabelece os prazos de vigência das patentes de invenção e de modelo de utilidade sem levar em consideração se determinada área tecnológica, para cumprir o justo equilíbrio imposto pela Carta Magna de 1988, deveria ter um maior ou menor prazo de exploração exclusiva da patente. Tal fato não é exclusivo do Brasil, mas impera em todas as legislações mundiais que estabelecem proteção às patentes, ou seja, em nenhum momento é estabelecido um prazo de vigência de patente dilatado ou diminuído por força da essência de determinada tecnologia. O próprio Acordo TRIPS não prevê nenhum prazo de proteção diferenciado para patentes de diferentes áreas tecnológicas.[125]

Será que toda e qualquer tecnologia protegível pelo sistema de patentes deve possuir o mesmo prazo de proteção? Será possível estabelecer prazos diferentes de proteção por patentes para diferentes tec-

---

[123] Lei 9.279/96: "Art. 2º A proteção dos direitos relativos à propriedade industrial, considerado o seu interesse social e o desenvolvimento tecnológico e econômico do País, efetua-se mediante:
I – concessão de patentes de invenção e de modelo de utilidade;
II – concessão de registro de desenho industrial;
III – concessão de registro de marca;
IV – repressão às falsas indicações geográficas; e
V – repressão à concorrência desleal".

[124] Art. 40. A patente de invenção vigorará pelo prazo de 20 (vinte) anos e a de modelo de utilidade pelo prazo 15 (quinze) anos contados da data de depósito.
Parágrafo único. O prazo de vigência não será inferior a 10 (dez) anos para a patente de invenção e a 7 (sete) anos para a patente de modelo de utilidade, a contar da data de concessão, ressalvada a hipótese de o INPI estar impedido de proceder ao exame de mérito do pedido, por pendência judicial comprovada ou por motivo de força maior.

[125] Art. 33. A vigência da patente não será inferior a um prazo de 20 anos, contados a partir da data do depósito.

nologias com a finalidade de gerar um sistema efetivamente comprometido e cumpridor das teorias fundamentais do plano social e utilitarista?

Respondendo a esta pergunta Jaffe e Lerner[126] afirmam, em uma análise específica desta possibilidade de prazos diferenciados de vigência de patentes dependendo da área tecnológica abordada, que tal possibilidade seria impraticável por falta de fatores que comprovassem de forma concreta e empírica o termo ideal de proteção de cada tecnologia pelo sistema de patentes. Destaca-se dois trechos, além da real falta de comprovação empírica que determine a "duração ideal", das razões expostas pelos autores em sentido contrário ao tratamento de proteção temporal diferenciada das patentes de acordo com a área tecnológica:

> Existe também um forte argumento prático contra a diferença de tratamento. Colocado de forma simples, tratamento diferenciado é difícil de ser implementado, porque tão logo os requerentes de patentes de determinada categoria particular receber um tratamento que é diferente de todos os outros, irá existir uma inevitável tendência para as pessoas se posicionarem para obter o tratamento mais favorável.
> (...)
> De forma clara, a presunção atualmente é a de que todo mundo obtém o mesmo tratamento na área de patentes. Sem essa presunção, haveria uma pressão tremenda pelas indústrias privadas para obter vantagens para as "suas" patentes que elas achassem desejáveis. É claro que os argumentos para essas preferências seriam sempre analisados de acordo com os termos do interesse público, mas quando um lobista da indústria começa a falar sobre termos de interesse público, nós todos sabemos que é um bom momento para ficar de olho na carteira dos consumidores.[127]

Verifica-se que o ponto nevrálgico está na efetiva pesquisa e comprovação específica a cada área tecnológica de qual seria o prazo de vigência da patente que estabeleceria o melhor balanceamento constitucional dos objetivos fundadores do sistema de patentes, tendo em

---

[126] JAFFE e. LERNER, op. cit., p. 204.

[127] Texto original: "There is also a strong practical argument against differential treatment. Simply put, differential treatment is hard to implement, because as soon as patentees in a particular category get treatment that is different from everyone else, there will be an inevitable tendency for people to position themselves to get the most favorable treatment. [...].
By and large, the presumption today is that everyone gets the same patent treatment. Without this presumption, there would be tremendous pressure by particular industries to get features in 'their' patents that they found desirable. Of course, the arguments for these preferences would always be couched in public interest terms, but when an industry lobbyist starts talking about public interest terms, we all know it is a good time to keep an eye on the consumer's wallet".

vista que os problemas de ordem prática relacionados com a defesa de interesses particulares e lobistas que influenciariam as decisões políticas citados por Jaffe e Lerner estão dentro da essência do processo democrático e são inerentes a todas as áreas de interesse da sociedade como um todo.

Outro ponto de destaque atual é a interpretação e aplicação mais adequada do instituto da licença compulsória, sendo pertinente analisá-lo em sintonia com a preponderância das teorias expostas.

5.1.1. Licença compulsória de patentes

Quando da análise da adequação da legislação infraconstitucional ao disposto nas teorias expressas na Carta Magna de 1988, tem-se como fundamental analisar detidamente um dos instrumentos que representa, dentro do sistema jurídico brasileiro, uma importante ferramenta de flexibilização do direito de propriedade sobre patentes.

A equivocadamente chamada "quebra" de patente, em seu contexto geral, nada mais é do que a previsão legal da possibilidade, em determinados casos previstos na Convenção da União de Paris (CUP), no Acordo sobre Direitos de Propriedade Intelectual relacionados ao Comércio (ADPIC) (internacionalmente conhecido sob a sigla TRIPS – Trade Related Aspects of Intellectual Property Rights e em vigor no Brasil através do Decreto 1.355 de 30 de dezembro de 1994) e na própria Lei da Propriedade Industrial (LPI) brasileira (Lei 9.279/96), de se estabelecer uma flexibilização dos direitos de propriedade sobre determinada patente, tendo em vista a realidade na qual se insere o contexto da exploração da patente, atribuindo-se uma imposição legal de licença compulsória ao titular da patente, mediante o cumprimento de determinados requisitos para cada fundamento adotado.

O sistema da licença compulsória foi implantado na Convenção de Paris através da Revisão de Haia de 1925, substituindo a previsão original da CUP do chamado "trabalho obrigatório", onde o inventor era obrigado a trabalhar o seu invento em todos os países que obteve a concessão da patente. Esta substituição, nos dizeres de Di Blasi, Garcia e Mendes,[128] foi o resultado da busca de uma disposição mais flexível que atendesse aos anseios nacionais de economia, mas que não desinteressasse o dono da patente.

---

[128] DI BLASI, Clésio Gabriel. GARCIA, Mario Augusto Soerensen. MENDES, Paulo Parente Marques. A propriedade industrial. Rio de Janeiro: Forense, 1997, p. 42.

A utilização do instituto da licença compulsória, dentro de suas diversas modalidades, está prevista nos arts. 68 a 74 da Lei n° 9.279/96, sendo que Denis Borges Barbosa[129] com base no sistema legal vigente, divide a licença compulsória nas seguintes modalidades: A licença por abuso de direitos; A licença por abuso de poder econômico; A licença de dependência; A licença por interesse público; A licença legal que o empregado, co-titular de patente, confere *ex legis* a seu empregador, conforme o art. 91, § 2°, do CPI/96.

É evidente que cada uma das modalidades de licença compulsória merece uma análise profunda e detalhada, a qual não faz parte do objetivo do presente trabalho, cumprindo apenas destacar-se a existência de diversas modalidades de aplicação da licença compulsória resultando na restrição ao exercício particular do direito de propriedade sobre patentes, buscando sempre o equilíbrio entre os interesses públicos e privados envolvidos e previstos em nossa Constituição Federal de 1988, bem como por mostrar-se uma importante ferramenta para equilibrar a aplicação das teorias utilitarista e do plano social que preponderam no Mandamento Constitucional relacionado à propriedade industrial.

Analisando-se o instituto da licença compulsória por interesse público, destacam-se os ensinamentos do próprio Denis Borges Barbosa:[130]

> Tais princípios, que também decorrem da cláusula do devido processo legal incluída na Constituição Brasileira, levam a que, no equilíbrio entre dois requisitos constitucionais – a proteção da propriedade e o do interesse social – aplique-se o princípio da proporcionalidade. Ou seja, só se faça prevalecer o interesse coletivo até a proporção exata, e não mais além, necessária para satisfazer tal interesse. No pertinente, isto significa que a licença compulsória, segundo os parâmetros constitucionais, não pode exceder a extensão, a duração e a forma indispensável para suprir o interesse público relevante, ou para reprimir o abuso da patente ou do poder econômico.

No Brasil, após a edição do Decreto n° 3.201 de 6 de outubro de 1999 ter sido utilizado como elemento de pressão constante pelo Governo, sendo mais intensa em 2001, através do então Ministro da Saúde José Serra,[131] e hoje por força deste Decreto, com as alterações introduzidas pelo Decreto n° 4.830 de 4 de setembro de 2003, surge uma

---

[129] BARBOSA (2003, p. 501).

[130] Ibidem.

[131] Ele foi responsável pela "intenção" porque o instituto não foi efetivamente usado, a não ser como uma "ameaça" que resultou em uma diminuição do valor cobrado a título de *royalties* pelo medicamento protegido por patente.

nova fase de "negociações" do Governo brasileiro com os laboratórios internacionais detentores de patentes de medicamentos para o tratamento da AIDS, as quais resultaram na recente Portaria nº 985 de 24 de junho de 2005, do então Ministro da Saúde Humberto Costa.[132]

Mais uma vez o Governo Brasileiro apontou o canhão, mas não disparou contra os navios, resultando as ameaças em mais uma forma exitosa (ou não) de negociação para redução dos preços dos medicamentos que compõem o coquetel de tratamento para os pacientes infectados pelo HIV.[133]

Pode-se dizer que, no atual caso, o estopim chegou a ser aceso com a declaração de interesse público dos medicamentos oriundos da associação dos princípios ativos Lopinavir e Ritonavir, mas, novamente, não foi disparado o canhão.

Após esta Portaria nº 985, há poucos dias atrás, enquanto o presente livro estava prestes a ser liberado para a gráfica pelo Editor, o Presidente Lula assinou o primeiro caso efetivo de licenciamento compulsório do medicamento Efavirenz que compõe os medicamentos para o tratamento da AIDS, de modo que as maiores questões que se levantam no presente caso são justamente preço "justo" do licenciamento, prazo de duração e a possibilidade de explorar a tecnologia através da importação dos medicamentos de laboratório indiano (sendo esta última possibilidade vedada pelo art. 31 do TRIPS).

Cumpre salientar que a opção do Governo Brasileiro em adotar a licença compulsória baseada no interesse público (art. 71 da Lei 9279/96) foi feita nitidamente, entre outros aspectos, pela facilitação procedimental administrativa que tal instituto possui se aplicado de acordo com a norma citada.

Analisando-se o mencionado artigo 71,[134] temos que a competência para a concessão da licença compulsória, após declarado o interesse

---

[132] A Portaria nº 985 de 24 de junho de 2005: "Declara para fins de sustentabilidade social do programa brasileiro de combate à AIDS, interesse público relativamente aos medicamentos advindos da associação dos princípios ativos Lopinavir e Ritonavir, com vistas à composição do rol dos inibidores de protease que devem compor o arsenal terapêutico para o tratamento da infecção por HIV/AIDS no Brasil".

[133] De acordo com notícia veiculada na Folha de São Paulo de 09/07/2005 sob o título "Acordo mantém patente de droga anti-aids", houve acordo entre a empresa Abbott e o Governo Brasileiro para uma redução dos preços dos medicamentos condicionada ao aumento do número de pacientes a serem tratados, havendo acordo para a transferência de tecnologia futura para a produção dos medicamentos quando chegar próximo ao prazo final de vigência da patente da Abbott.

[134] Lei 9.279/96 – Art. 71. Nos casos de emergência nacional ou interesse público, declarados em ato do Poder Executivo Federal, desde que o titular da patente ou seu licenciado não atenda

público por ato do Poder Executivo Federal, seria do próprio e não do INPI, pois se trata de situação excepcional, na qual há a previsão de concessão de ofício, de modo a diferir dos demais casos previstos na LPI onde existiria a previsão de um processo administrativo específico junto à Autarquia Federal.[135]

Tal fato se verifica por conclusão lógico-sistemática do *caput* do art. 73 que fala em "pedido de licença compulsória", de modo a se tornar incompatível com o disposto no art. 71 que fala em "concessão de ofício"

No entanto, posteriormente à concessão de ofício da licença compulsória prevista no art. 71, temos como perfeitamente possível ao titular da patente discutir administrativa ou judicialmente diversos aspectos desta forma drástica de intervenção no domínio privado, tais como a efetiva existência de interesse público, prazo da licença, valores a serem pagos, entre outros aspectos.

Em caso de ser concedida de ofício a licença compulsória com base no interesse público, esta deverá ser estritamente limitada ao cumprimento do interesse público anunciado, sob pena de exorbitar o próprio fundamento da licença.

Deve-se lembrar que, no caso brasileiro mencionado, está se tratando de medicamentos para o tratamento de pacientes com AIDS e que envolve o direito fundamental à saúde.

---

a essa necessidade, poderá ser concedida, de ofício, licença compulsória, temporária e não exclusiva, para a exploração da patente, sem prejuízo dos direitos do respectivo titular.
Parágrafo único. O ato de concessão da licença estabelecerá seu prazo de vigência e a possibilidade de prorrogação.

[135] Lei 9.279/96 – Art. 73. O pedido de licença compulsória deverá ser formulado mediante indicação das condições oferecidas ao titular da patente.
§ 1º Apresentado o pedido de licença, o titular será intimado para manifestar-se no prazo de 60 (sessenta) dias, findo o qual, sem manifestação do titular, será considerada aceita a proposta nas condições oferecidas.
§ 2º O requerente de licença que invocar abuso de direitos patentários ou abuso de poder econômico deverá juntar documentação que o comprove.
§ 3º No caso de a licença compulsória ser requerida com fundamento na falta de exploração, caberá ao titular da patente comprovar a exploração.
§ 4º Havendo contestação, o INPI poderá realizar as necessárias diligências, bem como designar comissão, que poderá incluir especialistas não integrantes dos quadros da autarquia, visando arbitrar a remuneração que será paga ao titular.
§ 5º Os órgãos e entidades da administração pública direta ou indireta, federal, estadual e municipal, prestarão ao INPI as informações solicitadas com o objetivo de subsidiar o arbitramento da remuneração.
§ 6º No arbitramento da remuneração, serão consideradas as circunstâncias de cada caso, levando-se em conta, obrigatoriamente, o valor econômico da licença concedida.
§ 7º Instruído o processo, o INPI decidirá sobre a concessão e condições da licença compulsória no prazo de 60 (sessenta) dias.
§ 8º O recurso da decisão que conceder a licença compulsória não terá efeito suspensivo.

Portanto, trata-se de um direito fundamental à saúde que seria, no caso concreto e se confirmadas as alegações do Governo, emergencial, pois de acordo com as alegações deste, o programa de assistência aos portadores do HIV com o coquetel de medicamentos estaria prejudicado caso não houvesse a flexibilização negocial no valor e acesso aos medicamentos citados.

Basta uma simples leitura do art. 1º, III, e do art. 4º, II, da Carta Magna de 1988 para entender quais direitos devem prevalecer em um eventual conflito de princípios em um caso concreto. No entanto, uma interpretação isolada e sem simetria com os arts. 5º, XXIX, 170, 196, 197, 218 e 219 da Constituição Federal de 1988 pode levar ao grave equívoco proposto pelo Deputado Roberto Gouveia através do Projeto de Lei nº 22/03 da Câmara dos Deputados que inclui a invenção de medicamento para prevenção e tratamento da Síndrome de Imunodeficiência Adquirida (SIDA/AIDS) e de seu processo de obtenção como matérias não patenteáveis.

O Projeto de Lei nº 22/03 representa um retrocesso em relação às evoluções conciliatórias expressas no TRIPS (em que pese o seu caráter comercial exacerbado, adotou expressamente a licença compulsória como contrapeso para o equilíbrio dos interesses públicos e privados), onde existe dispositivo integralmente acolhido pelo Brasil de não barrar a patenteabilidade de criações intelectuais que apresentem os três requisitos básicos.![136] Caso tal Projeto de Lei venha a ser aprovado e efetivamente concretizado em Lei, além de haver um nítido conflito desta alteração da LPI com o TRIPS, o Brasil será visto externamente como um País que não respeita os acordos internacionais, causando sérios prejuízos para futuros investimentos e relações internacionais.

Por outro lado, o uso procedimental correto do instituto da licença compulsória certamente elevará as qualidades do Brasil como um país que cumpre os Acordos Internacionais, mas que não é submisso às pressões comerciais impostas pelos países desenvolvidos e seus na-

---

[136] Art. 27.1 do TRIPS – Sem prejuízo do disposto nos parágrafos 2 e 3 abaixo, qualquer invenção, de produto ou de processo, em todos os setores tecnológicos, será patenteável, desde que seja nova, envolva um passo inventivo e seja passível de aplicação industrial. Sem prejuízo do disposto no parágrafo 4 do Artigo 65, no parágrafo 8 do Artigo 70 e no parágrafo 3 deste Artigo, as patentes serão disponíveis e os direitos patentários serão usufruíveis sem discriminação quanto ao local de invenção, quanto a seu setor tecnológico e quanto ao fato de os bens serem importados ou produzidos localmente.

cionais.[137] Ou seja, o pouco utilizado instituto da licença compulsória representa uma disposição legal para que o Brasil atenda o disposto no art. 196 da CF/88 sem violar legislação nacional ou internacional, demonstrando a perfeita sintonia de um sistema jurídico aberto e sem direitos absolutos que venham a inviabilizar o atendimento de preceitos constitucionais de balanceamento e busca de uma sociedade mais justa.

Portanto, entendendo-se que o sistema constitucional brasileiro aplicável na área específica de patentes, em especial o disposto no art. 5º, XXIX, da CF/88, adotou um misto de preponderância e combinação das chamadas teorias utilitarista e do plano social em relação a uma menor influência das teorias do trabalho e da personalidade,[138] resta nítido que o instituto da licença compulsória é muito bem vindo no ordenamento jurídico brasileiro.

O grande problema a ser equacionado em cada caso concreto é até que ponto a preponderância momentânea da teoria do plano social poderá ser efetivada sem prejudicar os próprios benefícios da teoria utilitarista como propulsora de novas soluções medicinais?

Ou seja, de que forma, durante quanto tempo e mediante o pagamento de que valor é que se pode considerar cumprido o interesse público mediato (e não o simples interesse público imediato no acesso aos medicamentos) consistente na continuidade de estímulo eficaz para o desenvolvimento de novos medicamentos?

Quando se estuda esse ponto nevrálgico do sistema de patentes, deve-se ter sempre o cuidado de tratar os indivíduos como cidadãos, mas observando a reflexão de Marc Nerfin:[139] *Neither prince nor merchant: citizen.*

Diferentemente do que muitos pensam, a utilização do instituto da licença compulsória não é uma intenção projetada apenas pelos países em desenvolvimento, estando muito longe de ser considerado

---

[137] Diz-se pressões comerciais porque efetivamente o TRIPS representa um marco legislativo internacional da relação direta entre propriedade intelectual e comércio.

[138] Esta observação é feita especificamente para o sistema de patentes, conforme interpretação da realidade nacional frente aos diversos tratamentos dados por doutrinadores estrangeiros, cumprindo destacar os já citados Fisher, Menell, Palmer e Hughes, ao analisar as quatro grandes teorias da propriedade intelectual: Teoria do Trabalho, Teoria Utilitarista, Teoria da Personalidade e Teoria do Plano Social.

[139] NERFIN, Marc. *Neither Prince nor Merchant: Citizen* – An Introduction to the Third System (IFDA Dossier nº 56 p. 3-29, reproduzido em Development Dialogue, 1987, nº 1).

um instituto que vá contra o desenvolvimento tecnológico e econômico dos países quando aplicado em sintonia com o ordenamento jurídico.

De acordo com o Consumer Project of Technology,[140] temos que diversos países fazem uso ou pretendem fazer uso da licença compulsória dentro de suas realidades nacionais.[141]

Além dos casos citados, o próprio governo dos EUA, através do seu Departamento de Justiça, já utilizou demandas administrativas e judiciais para impor a empresas de grande porte a obrigatoriedade de licenciamento compulsório de determinadas tecnologias protegidas por patente para outros concorrentes.

Em um dos exemplos citados, a Advogada Geral Assistente da Divisão Anti-Truste do Departamento de Justiça Anne K. Bingaman menciona na sua palestra na Faculdade de Direito da Universidade de Kansas em 1996,[142] o caso *United States v. S.C. Johnson & Son, Inc. & Bayer A.G.*, onde é estabelecida uma licença compulsória para os demais concorrentes para uso da tecnologia compreendida em um novo ingrediente ativo para inseticidas.[143]

Existem outros casos específicos nos Estados Unidos da América, tais como o caso *Crater Corporation v. Lucent Technologies* de 06 de junho de 2001 (Decisão da Corte de Apelações do Circuito Federal dos EUA no caso Crater Corporation V. Lucent Technologies. Processo nº 00-1125), no qual a empresa Lucent Technologies alegou que a sua produção, que em tese estaria violando a patente da Crater Corporation, era encomendada e autorizada pelo governo dos EUA e era feita, portanto, com base no § 1498(a). A Corte de Apelação do Circuito Federal dos EUA acolheu a tese da Lucent, reconhecendo a inexistência

---

[140] Disponível em *http://www.cptech.org/*). Acessado em julho de 2005.

[141] Disponível em *http://www.cptech.org/ip/health/cl/recent-examples.html*. Acessado em julho de 2005. Existem diversos exemplos de países como EUA, Alemanha, Coréia, África do Sul, Malásia, entre outros países que fazem uso da licença compulsória dentro das previsões do TRIPS e das respectivas legislações nacionais.

[142] Disponível em *http://www.usdoj.gov/atr/public/speeches/960919ks.htm*. Acessado em julho de 2005.

[143] "United States v. S.C. Johnson & Son, Inc. & Bayer A.G. is a case in which, we alleged that a patent license agreement between the defendants violated Section 1 of the Sherman Act. Johnson dominated the highly concentrated U.S. household insecticide market. Bayer developed and patented a new active ingredient for household insecticides and prepared to enter the U.S. market with its own product. It then abandoned its plans and granted a license for its active ingredient to Johnson. It did not license any other U.S. manufacturer. The case was settled by consent decree, which in part requires Bayer to license its ingredient to other interested parties for the United States".

de infração à patente da Crater Corporation, embasando-se no § 1498(a) que permite o uso de patentes pelo governo ou para o governo (admite que terceiros produzam produtos objeto de patentes para o governo) sem a necessidade de negociar ou buscar uma licença do dono dos direitos sobre a patente.!144

Deve-se acrescentar aos casos citados os comentários de Benjamin Coriat, Professor de Economia da Universidade de Paris, referindo-se ao caso da utilização pelos EUA da licença compulsória, logo após o 11 de setembro de 2001, no caso da ameaça de ataque com Anthrax:!145

> [...]. A situação parece ser a de que as mais desavisadas visões como aquelas referentes aos ataques de anthrax durante o pós-setembro 2001, onde os Estados Unidos não hesitaram em acionar as cláusulas de licença compulsória em enviar ordens para as suas indústrias farmacêuticas para produzir dez milhões de unidades de um remédio que era protegido por uma patente pertencente à empresa Bayer, a qual foi forçada a cortar drasticamente o seu preço de venda. Nesse tipo de condições e ainda com a moldura do mesmo tipo de problema, por quanto tempo nós podemos impedir os países do terceiro mundo de usar mecanismos competitivos para assegurar o seu atendimento de ARVs?!146

---

[144] 28 USC 1498(a) Whenever an invention described in and covered by a patent of the United States is used or manufactured by or for the United States without license of the owner thereof or lawful right to use or manufacture the same, the owner's remedy shall be by action against the United States in the United States Court of Federal Claims for the recovery of his reasonable and entire compensation for such use and manufacture. Reasonable and entire compensation shall include the owner's reasonable costs, including reasonable fees for expert witnesses and attorneys, in pursuing the action if the owner is an independent inventor, a nonprofit organization, or an entity that had no more than 500 employees at any time during the 5-year period preceding the use or manufacture of the patented invention by or for the United States. Nothwithstanding the preceding sentences, unless the action has been pending for more than 10 years from the time of filing to the time that the owner applies for such costs and fees, reasonable and entire compensation shall not include such costs and fees if the court finds that the position of the United States was substantially justified or that special circumstances make an award unjust. For the purposes of this section, the use or manufacture of an invention described in and covered by a patent of the United States by a contractor, a subcontractor, or any person, firm, or corporation for the Government and with the authorization or consent of the Government, shall be construed as use or manufacture for the United States.

[145] CORIAT, Benjamin. The New Global Intellectual Property Rights Regime and Its Imperial Dimension – Implications for "North-South" Relations. Artigo preparado para o Seminário de 50 anos de aniversário do BNDS, Rio de Janeiro, Brasil, setembro de 2002.

[146] Texto original: "The situation seems to be all the more untenable seeing as during the post-September 2001 anthrax attacks, the United States did not hesitate to trigger compulsory licensing clauses and pass orders to their pharmaceutical firms for tens of millions of units of a medicine that was covered by a patent belonging to the Bayer Company, which was forced to agree to drastic cuts in its sales price. In these sorts of conditions and still within the framework of the same type of problem, how long can we keep the countries of the Third World from using competitive mechanisms to ensure their procurement in ARVs?"

Conclui-se que a licença compulsória não é uma solução eminentemente brasileira ou de países em desenvolvimento, mas sim um instrumento voltado para a manutenção do equilíbrio entre os direitos de propriedade sobre patentes e os diversos interesses públicos envolvidos,[147] sendo que todos os atos/decisões praticados em nível administrativo ou judicial estão obrigatoriamente vinculados a um dever de motivação.

O art. 50 da Lei 9.784/99 é claro ao exigir a motivação dos atos administrativos como elemento essencial à sua validade,[148] destacando, em seu parágrafo primeiro, que "a motivação deve ser explícita, clara e congruente".

Juarez Freitas destaca que:

Dito de outro modo, imperioso entender que motivar, no nosso modelo, passou a ser, desde o advento do Texto Fundamental, um dever de radial alcance, solicitando lastro de razoabilidade explícita dos atos administrativos *lato sensu*, a par de outras exigências ligadas à garantia fundamental do devido processo legal.[149]

Tais considerações geram a necessidade de analisar a motivação exposta na Portaria do Ministério da Saúde nº 985 de 24 de junho de 2005, de modo a verificar se a mesma possui fundamentação material suficiente a atender o dever imposto pelo art. 50 da Lei 9.784/99.

Ora, verifica-se que a referida Portaria, em alguns pontos da sua fundamentação, traz argumentos importantes, mas sem reportar-se a bases científicas que sustentem os mesmos.

---

[147] Entendendo-se, nesta afirmação, o conceito amplo de "interesses públicos", englobando os casos de abuso de direitos, abuso do poder econômico, dependência e o próprio interesse público em sentido estrito.

[148] Art. 50. Os atos administrativos deverão ser motivados, com indicação dos fatos e dos fundamentos jurídicos, quando:
I – neguem, limitem ou afetem direitos ou interesses; II – imponham ou agravem deveres, encargos ou sanções; [...]; VI – decorram de reexame de ofício; VII – deixem de aplicar jurisprudência firmada sobre a questão ou discrepem de pareceres, laudos, propostas e relatórios oficiais; VIII – importem anulação, revogação, suspensão ou convalidação de ato administrativo.
§ 1º A motivação deve ser explícita, clara e congruente, podendo consistir em declaração de concordância com fundamentos de anteriores pareceres, informações, decisões ou propostas, que, neste caso, serão parte integrante do ato.
§ 2º Na solução de vários assuntos da mesma natureza, pode ser utilizado meio mecânico que reproduza os fundamentos das decisões, desde que não prejudique direito ou garantia dos interessados.
§ 3º A motivação das decisões de órgãos colegiados e comissões ou de decisões orais constará da respectiva ata ou de termo escrito.

[149] FREITAS, Juarez. *O controle dos atos administrativos e os princípios fundamentais*. 3. ed. São Paulo: Malheiros, 2004, p. 261.

A Portaria menciona, por exemplo, "o histórico de valores praticados nas aquisições do referido medicamento e o expressivo aumento do quantitativo adquirido, sem correspondente redução de custo" como um dos fundamentos da declaração de interesse público. No entanto, não fornece subsídios claros para uma interpretação/verificação do que é afirmado, ou seja, deveria a referida Portaria ser suplementada de dados concretos de valores pagos e quantidades adquiridas ano a ano para efetivamente preencher o requisito do art. 50 e seu § 1° da Lei 9.784/99 quanto a este fundamento.

Importante salientar que, mais uma vez, no recente caso envolvendo os princípios ativos Lopinavir e Ritonavir do Laboratório Abbott, não houve a ultimação com a declaração da licença compulsória, de modo que o arsenal preparatório utilizado pelo Governo (negociações, ameaças, edição da Portaria) foi eficaz (ou não, dependendo de como interpretada a "vantagem" obtida) para as negociações do medicamento composto pelos princípios ativos mencionados.

De acordo com Bruce A. Lehman,[150] citando estudo de 2002 de Sarah Boseley, a malária e tuberculose, respectivamente, matam 1,5 milhão e 2 milhões de pessoas por ano, enquanto que a AIDS mata 3 milhões por ano, sendo que grande parte destas mortes está concentrada na África (2,3 milhões de mortos/ano pelo HIV/AIDS somente na África).

Tais estatísticas, possivelmente também acessíveis no âmbito brasileiro, devem obrigatoriamente fazer parte da motivação, seja para embasar o reconhecimento de interesse público de determinado medicamento, seja para justificar a importância de um sistema de patentes voltado para a redução de mortes ou sobrevida de pacientes com determinadas doenças cuja pesquisa tenha sido desenvolvida devido à segurança de futuro retorno financeiro assegurado pelas patentes.

Nos recentes estudos desenvolvidos na disciplina de Hermenêutica Jurídica Contemporânea no Mestrado da PUCRS destacam-se as observações apontadas pelo Prof. Juarez Freitas ao texto de Chaïm Perelman de que, de acordo com este, uma regra não é arbitrária em si, tornando-se arbitrária apenas se permanecer injustificada.[151]

Caso não seja efetuada a preventiva e obrigatória motivação material (e não apenas formal), certo é que o ato praticado estará sujeito a controle, nas palavras de Juarez Freitas, quanto ao seu demérito.

---

[150] LEHMAN, ob. cit.
[151] PERELMAN, Chaïm. *Ética e direito*. São Paulo: Martins Fontes, 1996, p. 60.

Aulis Aarnio[152] traz excelentes subsídios para entender, no caso ora em estudo, onde o foco do controle dos atos administrativos deve se situar:

> Entendida como un diálogo, la justificación jurídica que utiliza razones públicas no puede basarse en la manipulación. El princípio de certeza jurídica no permite que la elección final entre las interpretaciones alternativas sea solo el resultado de la persuasión o del uso del poder. Un buen diálogo justificatorio sigue siempre los estándares de la argumentación racional. Su meta es convencer a la otra parte, no manipularla. Por qué? Porque toda la idea de lo que es Derecho está profundamente entrelazada con nuestras expectativas relativas a la conducta predecible de las autoridades. La arbitrariedad y la toma de decisiones al azar son ajenos a la concepción europea sobre el Derecho y la justicia.
> Esto no significa, sin embargo, que cada caso particular tenga una y sólo una respuesta correcta. Por el contrario, la idea de razonamiento jurídico racional sólo presupone que las decisiones están tan bien argumentadas como sea posible. Nuestra expectativa concierne a la "mejor justificación posible", no a soluciones correctas.

Assim, não há dúvidas de que a licença compulsória por interesse público é deflagrada por ato do Poder Executivo Federal (art. 71 da Lei 9.279/96), de modo que tais atos estão sujeitos ao controle administrativo e judicial quanto à sua sintonia frente aos princípios e direitos fundamentais.

Com efeito, qualquer ato do Poder Executivo Federal que reconheça ou declare de ofício a licença compulsória de determinada(s) patente(s) está sujeito ao crivo do Poder Judiciário, conforme exposto no art. 5°, XXXV da Carta Magna de 1988, o que não é novidade para nenhum pesquisador das Ciências Jurídicas e Sociais.

No entanto, ficam questionamentos quanto à capacidade de ingerência das decisões judiciais nos atos administrativos, sendo perfeitamente possível ao Poder Judiciário analisar questões de motivação dos atos administrativos.

Para entender-se a aplicação do controle dos atos administrativos no caso da licença compulsória tem-se que primeiro compreender o que já foi destacado no presente trabalho quanto à perspectiva constitucional dos direitos sobre patentes para, depois, analisar o caso concreto e a sua adequação, entre outros aspectos, ao princípio da proporcionalidade.

---

[152] AARNIO, Aulis. *Sobre la justificación de las decisiones jurídicas – La tesis de la única respuesta correcta y el principio regulativo del razonamiento jurídico.* (trad. de Josep Aguiló Regla), Alicante, Biblioteca virtual de Miguel de Cervantes, 2001, p. 30-31.

Mais do que isso, nos dizeres de Juarez Freitas a respeito do "Princípio da proporcionalidade e a vedação de sacrifícios injustos, seja por excessos (abusos), seja por inoperância no cumprimento do exigível dever estatal",[153] o administrador público "está obrigado a sacrificar o mínimo para preservar o máximo de direitos", de modo que "a violação à proporcionalidade ocorre quando, tendo dois valores legítimos a sopesar, o administrador dá prioridade a um em detrimento ou sacrifício exagerado do outro".

Trazendo tais ensinamentos para o caso da licença compulsória por interesse público, como exemplo tem-se que a eventual estipulação através de ato administrativo de um prazo muito longo ou um valor de retribuição muito baixo a título de *royalties* não respaldados por uma motivação material suficiente geraria "sacrifícios injustos" por excesso ou abuso em relação aos direitos de propriedade sobre determinada patente.

No entanto, também é possível a existência de "sacrifícios injustos" por "inoperância no cumprimento do exigível dever estatal",[154] de modo que a eventual passividade do Estado perante situações fáticas concretas que exijam a sua atuação efetiva também pode ocasionar a violação do princípio da proporcionalidade (adequação, necessidade e proporcionalidade em sentido estrito).[155]

Com efeito, tanto o excesso como a inoperância são lesivos ao interesse público, de modo que o ente estatal deve estar atento para as suas obrigações e limites de ingerência nos direitos de propriedade sobre as patentes, observando os limites e obrigações impostas pelo dever de cumprimento do interesse social e desenvolvimento econômico e tecnológico do país ao qual se prende o sistema de patentes na expressão clara da preponderância das teorias utilitarista e do plano social que devem contaminar a interpretação da LPI.

A licença compulsória é um instrumento jurídico de balanceamento que busca expressar os desígnios do constituinte originário

---

[153] FREITAS (2004, p. 38).

[154] Ibidem.

[155] Trazendo a questão para a licença compulsória por interesse público em sentido estrito (art. 71 da Lei 9.279/96), temos que, caso *comprovados* a efetiva falta de recursos para a aquisição de medicamentos, a perspectiva de aumento considerável de portadores do HIV/AIDS no Brasil, o real aumento de medicamentos a serem adquiridos em projeções reais para um futuro próximo sem a possibilidade de redução de valores, entre outros fatores, o ente estatal poderia vir a ser responsabilizado pela falta de cumprimento do seu dever de agir (inoperância) caso não envidasse esforços para cumprir, dentro da legalidade em sentido amplo, o previsto no art. 196 da Constituição Federal de 1988 e na própria Lei 9.313/96. (o grifo é nosso).

quanto à forma de proteção desejada pelo povo e para o povo, representando uma ferramenta que poderia ser mais utilizada na realidade nacional não apenas na modalidade de "interesse público", mas também para efetivamente buscar coibir abusos de direitos e do poder econômico no mercado concorrencial. No entanto, esta afirmação não significa que a licença compulsória deva ser "banalizada", tal generalização feriria a própria harmonia entre as teorias preponderantes, pois comprometeria todo o sistema de patentes no caso de ser mal empregada pelos intérpretes e juristas.

Em síntese, pode-se dizer que, no recente caso envolvendo o Laboratório Abbott, supondo a hipótese (que não se verificou) de inexistência de acordo, a ultimação da licença compulsória por interesse público seria legítima se observasse, entre outros aspectos, o dever de motivação material e se o prazo de duração, condições e valor a ser pago pela licença estivessem em sintonia justamente com a motivação material adotada no preciso limite necessário para restaurar a harmonia entre os direitos aparentemente conflitantes, de modo que as hipóteses de aplicação da licença compulsória na LPI estão em perfeita sintonia com a Carta Magna de 1988, faltando apenas uma maior conscientização das possibilidades reais de uso desta importante ferramenta.

Na análise de casos concretos envolvendo a licença compulsória por interesse público deve-se atentar às observações de Marcelo Alves[156] de que:

> as armas mais importantes para a prevenção e o combate às epidemias acabam sendo, *grosso modo*, aquelas mesmas desde sempre reivindicadas pelos gregos para a consolidação da vida política: o conhecimento e a cooperação (ou cumplicidade) entre os homens. E a cooperação, ou a cumplicidade, pressupõe confiança recíproca, e para que a confiança entre os homens cresça é preciso que a justiça impere.

No que tange às outras espécies de licenciamento compulsório de patentes (em especial por dependência, abuso do poder econômico e abuso de direitos), tem-se como nítida a intenção do legislador ordinário em materializar instrumentos reais específicos de freios e contrapesos contra os abusos passíveis de serem praticados pelos titulares das patentes devendo ser ainda mais destacados e melhor utilizados (adequadamente) dentro do sistema jurídico pátrio em estrito respeito

---

[156] ALVES, Marcelo. O lugar do Direito na Política. In: *Direito e Política*. SANTOS, Rogério Duttra dos (Org.). Porto Alegre: Síntese, 2004, p. 34-35.

à preponderância harmônica constitucional das teorias utilitarista e do plano social.

5.1.2. Escopo de proteção das reivindicações

Outro fator de extrema importância para se verificar a sintonia da legislação ordinária com os ditames constitucionais é a efetiva abrangência da proteção conferida pela patente.

Nesse aspecto, cumpre destacar o disposto no art. 41 da LPI[157] como regra essencial na delimitação dos direitos do detentor de determinada patente, sendo de fundamental importância entender tal dispositivo como uma extensão dos interesses do legislador constitucional quanto à preponderância harmônica das teorias utilitarista e do plano social.

Diz-se compreensão harmônica das teorias nesta análise específica porque qualquer interpretação extensiva dos direitos contidos em determinada patente fere o balanceamento das teorias por prejudicar a teoria do plano social.[158]

Denis Borges Barbosa[159] reforça a afirmação de que:

[...] o alcance da reivindicação não é, necessariamente, formal e literal. O que se protege, na verdade é a solução nova para o problema técnico pertinente; a questão que se coloca, assim, é: as outras maneiras de resolver o mesmo problema são ou não protegidas pela patente? A resposta é dada pela teoria dos equivalentes.

Existe previsão legal expressa na LPI que define a doutrina dos equivalentes disposta no art. 186[160] inserido no capítulo dos crimes contra as patentes. No entanto, faz-se importante distinguir a doutrina dos equivalentes da interpretação da matéria apresentada e não reivindicada ou da matéria reivindicada e não apresentada.

Ou seja, no que tange a uma patente concedida pelo INPI que possui relatório descritivo que prevê uma proteção ampla de determi-

---

[157] Art. 41. A extensão da proteção conferida pela patente será determinada pelo teor das reivindicações, interpretado com base no relatório descritivo e nos desenhos.

[158] Destaque-se que tal afirmação não representa uma negativa à aplicação da doutrina da violação por equivalência, mas sim a impossibilidade de se estender a proteção patentária para aquilo que não foi tecnicamente revelado e reivindicado.

[159] BARBOSA (2003, p. 480).

[160] Art. 186. Os crimes deste Capítulo caracterizam-se ainda que a violação não atinja todas as reivindicações da patente ou se restrinja à utilização de meios equivalentes ao objeto da patente.

nada tecnologia, mas possui um quadro reivindicatório que não abrange toda a matéria inovadora descrita, não se pode estender a proteção limitada pelas reivindicações sob pena de violação do art. 41 da LPI.

Com efeito, a abrangência da proteção da patente é determinada pelas reivindicações, de modo que aquilo que consta no relatório descritivo e desenho que não tenha sido reivindicado não é suscetível de proteção, pressupondo-se que o titular da patente não possuía interesse na proteção daquela parte da tecnologia revelada, mas não reivindicada.

Por quê? Mais uma vez porque a harmonia das teorias utilitarista e do plano social exige uma coerência no sentido de oferecer proteção ao particular nos exatos limites reivindicados, de modo que aquilo que não é reivindicado, mas é revelado equipara-se a uma publicação a contribuir para a formação do estado da técnica e não suscetível de apropriação, por integrar o domínio público.

No caso da impossibilidade de um técnico no assunto teoricamente conseguir reproduzir a tecnologia descrita em um pedido de patente por falta de elementos suficientes à compreensão/reprodução da tecnologia, tem-se que o requisito da suficiência descritiva está prejudicado, sendo importante tecer algumas considerações específicas sobre esse requisito.

5.1.3. Questão da suficiência descritiva

Em plena sintonia com os objetivos constitucionais expostos para a proteção de patentes (visando o interesse social e o desenvolvimento econômico e tecnológico do País), tem-se que o requisito da suficiência descritiva é essencial para a observância das teorias utilitarista e do plano social.

Previsto essencialmente no art. 24 da LPI[161] e 29(1) do TRIPS,[162] verifica-se que a sua positivação nacional e internacional atende aos mandamentos constitucionais específicos.

---

[161] Art. 24. O relatório deverá descrever clara e suficientemente o objeto, de modo a possibilitar sua realização por técnico no assunto e indicar, quando for o caso, a melhor forma de execução. Parágrafo único. No caso de material biológico essencial à realização prática do objeto do pedido, que não possa ser descrito na forma deste artigo e que não estiver acessível ao público, o relatório será suplementado por depósito do material em instituição autorizada pelo INPI ou indicada em acordo internacional.

[162] Art. 29 (1) Os Membros exigirão que um requerente de uma patente divulgue a invenção de modo suficientemente claro e completo para permitir que um técnico habilitado possa realizá-la e podem exigir que o requerente indique o melhor método de realizar a invenção que seja de seu conhecimento no dia do pedido ou, quando for requerida prioridade, na data prioritária do pedido.

Além destes dispositivos legais específicos, verificam-se outras normas infraconstitucionais que indiretamente elevam o requisito da suficiência descritiva como requisito essencial para a concessão/validade de uma patente ou parte dela.

A compreensão do que é revelado em um pedido de patente é fundamental para que o maior objetivo da existência do sistema de patentes seja alcançado. Ou seja, uma patente que não descreva de forma clara para um técnico no assunto como o seu objeto pode ser reproduzido e aplicado na prática, não pode ser objeto de proteção através da concessão de uma Carta-Patente, pois representa nítida violação aos desígnios traçados pelo Constituinte Originário quando da redação do art. 5º, XXIX, da CF de 1988.[163]

A suficiência descritiva é requisito fundamental, por exemplo, para se obter efeitos práticos em um eventual caso de licenciamento compulsório, tendo em vista que de nada adiantaria obter a licença compulsória se não fosse atingível, na prática, o objeto reivindicado na patente.

Para melhor explicar a importância deste requisito, veja-se o seguinte exemplo hipotético: Uma determinada patente ensina que se atingem uma composição e resistência inovadoras de determinado metal, se o mesmo for fundido com outros determinados metais a uma temperatura entre 200°C e 300°C. Um estudante universitário está desenvolvendo pesquisa para chegar a um novo metal com maior resistência e reproduz em laboratório a patente descrita para testes. Ocorre que esse estudante faz variações de 5°C em 5°C para tentar descobrir a temperatura ideal na qual se obtém os resultados descritos na patente. No entanto, não obtém sucesso e em nenhuma das variações de 5°C em 5°C e nos limites entre 200°C e 300°C ele consegue chegar aos resultados descritos na patente.

Ou seja, a insuficiência descritiva sobre a temperatura ideal de fundição na descrição da patente gerou um real empecilho à criação de novas tecnologias e evolução do estado da técnica, pois o objetivo do estudante era entender e comprovar a patente descrita para, na conti-

---

[163] Pode-se verificar nos arts. 25 e 41 da LPI, por exemplo, a importância das reivindicações estarem embasadas no relatório descritivo, sendo que é com base no relatório descritivo (e desenhos, se for o caso) que as reivindicações devem ser interpretadas. Ou seja, caso a reivindicação elaborada não esteja clara e suficientemente embasada no relatório descritivo, não há como se ver cumprido este requisito essencial que possui o seu embasamento primeiro no inciso XXIX do art. 5.º da Carta Magna de 1988.

nuidade dos estudos e pesquisa, desenvolver um processo/produto ainda melhor.

Jacques Labrunie[164] ainda destaca que:

> A insuficiência de descrição pode, inclusive, derivar de um expediente a que se socorre o inventor, procurando obter uma dupla proteção para sua invenção, isto é, protegendo o que descreveu pela patente e o que escondeu, pelo segredo, fruto da não-divulgação. É justamente isso que o legislador pretende evitar.

É claro que existem técnicas de redação de patentes que possibilitam redigir um pedido de patente com proteção abrangente e, ao mesmo tempo, revelando a forma preferencial para se obter o melhor resultado da aplicação efetiva da patente na prática, mas tais técnicas não podem restringir injustificadamente a clareza e suficiência que deve estar contida na revelação expressa no pedido de patente, buscando sempre a adequada interpretação ordenada pelo constituinte originário e pela própria legislação infraconstitucional.

5.1.4 Relação das patentes com a legislação antitruste

William Landes e Richard Posner[165] fazendo referência a Arnold Plant, ao analisar as relações entre a legislação antitruste e a propriedade intelectual, afirmam que:

> O que é verdade, como corretamente observado por Plant, é que a concessão de um direito exclusivo de propriedade intelectual pode restringir o acesso à propriedade mais do que o necessário para assegurar vantagens sociais dos direitos de propriedade. Quando isso ocorre, o direito de exclusividade é monopolista em um sentido invasivo. A patente média, contudo, confere poder de monopólio muito pequeno para o seu titular em um significativo senso econômico para interessar ações antitruste racionais, e às vezes não confere nenhum poder de monopólio – pensando em patentes defensivas, e nas muitas patentes que nunca são licenciadas ou se licenciadas nunca produzem royalties para o licenciante.[166]

---

[164] LABRUNIE, Jacques. *Direito de patentes: condições legais de obtenção e nulidades*. Barueri, SP: Manole, 2006, p. 94.

[165] LANDES, William e POSNER, Richard. *The economic Structure of intellectual property law*. The Belknap Press of Harvard University Press, Cambridge, Massachussetts, and London, England, 2003, p. 374-75.

[166] Texto original: "What is true, as correctly observed by Plant, is that the grant of an exclusive right to intellectual property may restrict access to the property more than is necessary to secure social advantages of property rights. When it does so, the exclusive right is monopolistic in an invidious sense. The average patent, however, confers too little monopoly power on the patentee in a meaningful economic sense to interest a rational antitrust enforcer, and sometimes it confers no monopoly power at all – think of defensive patents, and of the many patents that are never licensed or if licensed never produce royalties for the licensor".

No entanto, deve-se esclarecer que a essência do sistema de patentes é justamente estabelecer um privilégio temporário de utilização de determinada tecnologia, enquanto que, em contrário senso, os objetivos da legislação antitruste são de evitar o domínio de mercado com práticas anticoncorrenciais ou tendentes a prejudicar o consumidor.

Andréas Winkler[167] ao analisar as relações entre propriedade intelectual, concorrência e direito antitruste afirma que:

> O dono de um direito de propriedade intelectual está legitimado a impedir o uso não autorizado do seu direito de propriedade intelectual e a explora-lo, e.g, licenciando-o a terceiros. O fato das leis de propriedade intelectual concederem direitos exclusivos de exploração não quer dizer que os direitos de propriedade intelectual estão imunes à intervenção do direito da concorrência. Esta situação, no entanto, não deve ser vista como um conflito inerente entre direitos de propriedade intelectual e as regras de concorrência da União Européia. De fato, ambos corpos legais compartilham o mesmo objetivo básico de promover o bem estar dos consumidores e uma efetiva alocação de recursos. Direitos de propriedade intelectual promovem a concorrência encorajando companhias a investir no desenvolvimento de novas tecnologias. Assim realiza concorrência colocando pressão para que haja inovação. Desta forma, tanto os direitos de propriedade intelectual quanto o de concorrência são necessários para promover inovação e assegurar uma exploração competitiva posterior.[168]

Existem diversas formas de intersecção dos direitos de propriedade intelectual com a legislação antitruste, de modo a poder representar abusos no mercado competitivo e de consumo, conforme destacado por Carl Shapiro:[169]

> A necessidade de limites básicos do direito antitruste deve ser óbvia. Suponhamos que a empresa A possua uma fraca e limitada patente que está sendo usada

---

[167] WINKLER, Andréas. *Intellectual Property and Competition and Antitrust Law – The European Perspective*. Palestra ministrada No Congresso da Associação Interamericana de Propriedade Industrial – ASIPI, XII Sessão de Trabalhos e Conselho Administrativo, Punta del Este, hotel Conrad, 21 de novembro de 2005.

[168] Texto original: "The owner of an intellectual property right is entitled to prevent unauthorized use of this intellectual property right and to exploit it, e.g. by licensing it to third parties. The fact that intellectual property laws grant exclusive rights of exploitation does, however, not imply that intellectual property rights are immune from competition law intervention. This situation should, however, not be seen as an inherent conflict between intellectual property rights and the EU competition rules. Indeed, both bodies of law share the same basic objective of promoting consumer welfare and an effective allocation of resources. Intellectual property rights promote competition by encouraging companies to invest in developing new technologies. So does competition by putting pressure on undertakings to innovate. Therefore, both intellectual property rights and competition are necessary to promote innovation and ensure a competitive exploitation thereof".

[169] SHAPIRO, Carl. *Antitrust limits to patent settlements*. University of California, Berkeley – Economic Analysis & Policy Group, 2001, p.4.

contra a sua única rival, empresa B. As duas empresas estão competindo vigorosamente, com a empresa B evidentemente não intimidada a não competir apenas porque a empresa A tenha ingressado em juízo pela infração de sua patente. Suponhamos que a empresa B acredite que a patente tem boas possibilidades de ser anulada, mas mesmo se considerada válida que a empresa B não a estaria infringindo ou, como opção final, a empresa B poderia facilmente contornar a patente. Agora imaginemos que as empresas A e B realizem uma fusão para resolver essa disputa envolvendo a patente. Se esta fusão fosse julgada anticompetitiva na ausência de uma patente, havendo nenhuma razão para acreditar que esta patente fraca possa reverter essa conclusão. Ou imagine que as empresas A e B entrem em um acordo no qual a empresa B paga um valor significante de royalties por unidade para a empresa A e a empresa A estipula um pagamento fixo à empresa B. Esse tipo de acordo pode resultar em um cartel ou monopólio.[170]

É evidente que o sistema de patentes pode ser utilizado como um instrumento ilegal para que as empresas estabeleçam o monopólio articulado e abusivo do mercado. Mas é de se ressaltar a aparente contradição existente entre um direito que visa interferir na concorrência, estabelecendo direitos temporários de impedir terceiros de utilizar a tecnologia de sua propriedade, e outro direito que visa também interferir na concorrência, mas com o objetivo de vigiar os eventuais abusos em detrimento da sobrevivência da concorrência.

Diz-se "aparente" contradição porque tal contradição não existe. Ambos os direitos (direito sobre patente e direito antitruste) convivem (e devem sempre conviver) pacificamente, pois o que é vedado é o abuso do direito de operar no mercado de forma livre e o abuso do direito sobre determinada patente, sendo que, nos casos ora citados, resta nítida a necessidade de intersecção dos direitos justamente para evitar os abusos.

Repita-se: Não há conflito entre direito sobre determinada patente e direito do empresário de explorar o mercado, mas sim conflito entre o abuso do direito sobre determinada patente e o direito do empresário

---

[170] Texto original: "The need for some basic antitrust limits should be obvious. Suppose that Firm A has a fairly weak and fairly narrow patent that it is asserting against its sole rival, Firm B. The two firms are competing vigorously, with Firm B evidently not deterred from competing just because Firm A has sued it for infringement. Suppose that Firm B believes that the patent likely to be invalid, but even if valid that Firm B is not infringing, or as a final option that Firm B could easily design around the patent. Now imagine that Firms A and B agree to merge to resolve their patent dispute. If the merger would judged anti-competitive in the absence of the patent, there is no reason to believe that this one weak patent would reverse that conclusion. Or imagine that Firms A and B agree to a settlement under which Firm B pays significant per-unit royalties to Firm A and Firm A makes a fixed payment to Firm B. Such settlements can replicate the cartel or monopoly outcome".

explorar o mercado, assim como há conflito entre o abuso do direito do empresário explorar o mercado e o direito de terceiro sobre determinada patente.

Nesse sentido, abordando o que se chamou de "abuso", Manoel J. Pereira dos Santos[171] em artigo que integra a coletânea em homenagem ao Prof. Dr. Pe. Bruno Jorge Hammes, assim se manifesta sobre as intersecções entre a propriedade intelectual e o direito antitruste, conferindo destaque para o "abuso", "uso desviado" ou "uso equivocado" (*misuse*):

> Nos Estados Unidos desenvolveu-se uma teoria bastante interessante denominada de *copyright misuse*. Derivada do seu equivalente em direito patentário (*patent misuse*), é aplicada como um princípio de *common law*, visto não resultar de norma legislativa, e é baseada no conceito de equidade, com o objetivo de evitar que o titular de um monopólio legítimo exerça abusivamente seu poder para controlar a concorrência. No direito de tradição romanística, ao qual se filia o nosso sistema jurídico, o equivalente à teoria do *copyright misuse* seria o princípio do "abuso de direito", eventualmente enquadrado como uma prática anticoncorrencial. O art. 187 do novo Código Civil acolhe o conceito de que "também comete ato ilícito o titular de um direito que, ao exerce-lo, excede manifestamente os limites impostos pelo seu fim econômico ou social, pela boa-fé ou pelos bons costumes".

Em nosso direito a utilização dos direitos de propriedade intelectual para dominar o mercado e impedir ou limitar o acesso ou dificultar o funcionamento de fornecedores pode configurar uma infração da ordem econômica. Nesse sentido dispõe o art. 21, XVI, da Lei 8.884, de 11 de junho de 1994, ao tipificar como conduta abusiva "açambarcar ou impedir a exploração de direitos de propriedade industrial ou intelectual ou de tecnologia". O princípio constitucional tutelado é o da liberdade de concorrência, previsto no inciso IV do art. 170 da Constituição Federal, que cuida da atividade econômica".

É pacífico o entendimento de que há relação entre os direitos de propriedade intelectual e a legislação antitruste não apenas por expressa previsão legal, mas também pela impossibilidade jurídica de se separar princípios constitucionais que se interseccionam, quando casos concretos demonstram desvios no exercício dos direitos de propriedade intelectual.

---

[171] SANTOS, Manoel J. Pereira dos. Princípios constitucionais e propriedade intelectual – o regime constitucional do direito autoral. In: ADOLFO, Luiz Gonzaga Silva e WACHOWICZ, Marcos (Coords.). *Direito da Propriedade Intelectual – estudos em homenagem ao Pe. Bruno Jorge Hammes*. Curitiba Juruá, 2006, p. 29.

No caso específico das patentes, verificam-se abusos expressos através de limitações, condições e/ou obrigações injustificáveis que são inseridas em contratos de exploração de patentes, assim como, por exemplo, a negativa de atendimento a contento do mercado que demanda determinada tecnologia associada à negativa ou imposição de dificuldades para a efetivação de contratos de exploração com concorrentes que pudessem atender à demanda do mercado.

Deve-se destacar que a obtenção de lucro pelo titular dos direitos sobre a patente é fundamental para que o próprio sistema (considerado ainda não ideal) se mantenha e continue atingindo os seus objetivos constitucionalmente previstos, de modo que a interpretação equivocada da intersecção do direito antitruste com o direito de patentes pode gerar um desestímulo à inovação e ao cumprimento dos desígnios constitucionais.

Impedir que um concorrente explore determinada tecnologia no mercado protegida por patente de outro concorrente, sendo que esse mercado não é atendido de forma satisfatória pelo titular da patente, estando esse concorrente disposto a pagar *royalties* em patamares aceitáveis e sob condições e cláusulas normais de exploração de tecnologia, pode significar abuso de direito e, caso configurado o mesmo, deve-se intervir no direito privado do titular da patente possibilitando que haja o atendimento do mercado através do estabelecimento da exploração compulsória da patente ou outras medidas administrativas que sejam suficientes e na dose correta para estancar o sangramento indesejado de um corpo sadio.

5.2. Os desenhos industriais

Tratando-se da recepção dos desígnios constitucionais relativos aos desenhos industriais na legislação ordinária (LPI), tem-se claro um desvio hermenêutico a respeito da leitura obrigatória da preponderância das teorias utilitarista e do plano social.

Infelizmente foram introduzidas mudanças na LPI a respeito do procedimento e forma de constituição do direito de propriedade sobre determinado desenho industrial, sendo importante aprender com John Rawls[172] que, por mais eficazes que sejam as leis, se forem injustas devem ser abolidas.

---

[172] RAWLS, op. cit.

Acima da LPI deve-se lembrar que está a nossa Carta Magna de 1988 e o norte traçado pela mesma para a proteção da propriedade industrial, sendo que no capítulo em que trata da Constituição em Hegel, Norberto Bobbio[173] afirma que:

> a Constituição, como organização do todo, é a forma específica em que as várias partes que compõem um povo são chamadas a cooperar, ainda que desigualmente, para um único fim, que é o fim superior do Estado, diferente do fim dos indivíduos singulares.

No mesmo sentido, ao tratar do Poder Legislativo, Thadeu Weber[174] salienta que:

> Se a constituição deve ser reconhecida pelo povo ou se o povo deve reconhecer-se na sua Constituição, também as leis devem vincular-se ao seu espírito, isto é, o povo deve reconhecer-se nelas, para que não lhe pareçam algo estranho, como, aliás, aconteceu com os Espanhóis quando Napoleão lhes deu uma Constituição.

Entende-se que tais premissas devem estar presentes para que os chamados princípios universalíssimos, que se situam antes mesmo da Constituição de um país, sejam efetivamente observados e respeitados não apenas no que tange aos desenhos industriais, mas também no que diz respeito ao sistema jurídico como um todo.

Postas as premissas, cumpre destacar que, de acordo com João da Gama Cerqueira,[175] a arte criadora dos povos primitivos quando da fabricação de suas armas e utensílios já se preocupava com a forma ornamental destes objetos, sendo que nos povos da Antigüidade é que "as artes decorativas ou de ornamentação encontram-se grandemente desenvolvidas e não se limitam mais ao simples adorno dos objetos de uso prático, manifestando-se também em sua forma caracteristicamente artística e na criação de objetos de luxo, destituídos de utilidade material".

Quanto a essa origem criadora dos desenhos industriais José Carlos Tinoco Soares[176] destaca que:

> "Os desenhos de fábrica têm a sua origem, ao que tudo indica, tão remota quanto às patentes de invenção", salientando que "os primeiros regulamentos de 1554,

---

[173] BOBBIO, N. *Estudos sobre Hegel*. Direito, Sociedade Civil, Estado. São Paulo: Brasiliense/UNESP, 1991, p. 99.
[174] WEBER, Thadeu. O Estado Ético. Porto Alegre. *Revista da Faculdade de Direito da PUCRS*, v. 25 – Ano XXIV, 2002/1, p. 23.
[175] CERQUEIRA, op. cit., p. 637-38.
[176] SOARES (1998, p. 121).

1596, 1619 e 1667 se ocuparam de reprimir as "fraudes" na fabricação de "étoffes, et les vols de soie don les ouvriers se rendaint coupables au détriment de les patrons".

A Convenção da União de Paris, em sua redação original de 1883, incorporada ao direito brasileiro através do Decreto nº 9233 de 28 de junho de 1884, já previa que "cada uma das partes contractantes se obriga a estabelecer um serviço especial da propriedade industrial e um deposito central para a communicação ao publico dos privilegios de invenção, dos desenhos ou modelos industriaes e das marcas de fabrica e de commercio" (art. 12), de modo que tais direitos sobre desenhos e modelos industriais (atualmente unificados sob a denominação de desenhos industriais) já possuíam previsão legal de proteção mínima no Brasil. A previsão de uma proteção mínima aos desenhos e modelos industriais se manteve e aperfeiçoou nas posteriores revisões do texto original da CUP.

Posteriormente, em termos de legislação brasileira, veio o Decreto nº 24.507 de 29 de junho de 1934, o Decreto Lei nº 7.903 de 27 de agosto de 1945, culminando no posterior e recentemente revogado Código da Propriedade Industrial (Lei nº 5.772 de 21 de dezembro de 1971).

Saliente-se que era previsto pelo Código da Propriedade Industrial a mesma sistemática de exame de mérito dos pedidos de patente de invenção e modelo de utilidade, condicionando a concessão do privilégio ao exame prévio quanto à sua privilegiabilidade.

5.2.1. A problemática concessão de registro sem exame de mérito

Atualmente, a LPI trouxe mudanças significativas na sistemática para a obtenção de proteção dos antes denominados desenhos e modelos industriais, gerando maior celeridade no procedimento em detrimento do exame prévio de mérito.

Não é o objetivo deste trabalho retomar as longas e fundamentadas discussões daqueles que defendem a teoria da unidade da arte frente aos que a criticam, mas sim estabelecer as diferenças marcantes entre uma e outra proteção para que se possa buscar uma compreensão da crítica a ser feita ao atual sistema de registro de desenhos industriais, tendo em vista o norte traçado pelo Legislador Constituinte Originário, sendo que este norte entende-se estar, repita-se, em sintonia com a preponderância das teorias utilitarista e do plano social.[177]

---

[177] Para aqueles que desejarem um maior aprofundamento sobre as duas teorias, faz-se referência à obra de João da Gama Cerqueira (Tratado da Propriedade Industrial, p. 635 a 657), a qual

Estabelecendo as diferenças entre a proteção via direito autoral e aquela prevista na legislação de propriedade industrial, importante é reproduzir as observações feitas por José Carlos Tinoco Soares[178] aos ensinamentos de Stephen P. Ladas:

> Após considerar os vários pontos conflitantes que dizem respeito às leis de direitos autorais e propriamente às de patentes, considera que existem quatro características:
> a) O direito de autor persiste em muitos países pela vida do autor e por cinqüenta anos depois da sua morte, enquanto a proteção do modelo é por um período de três, cinco, dez ou quinze anos.
> b) O direito de autor em muitos países subsiste sem formalidades. O depósito ou registro é desnecessário. Sob a lei do modelo perde-se a proteção, a menos que o modelo seja depositado pelo titular antes da publicação ou de qualquer uso público, naquele país, afinal, onde a proteção é reclamada.
> c) Sob as leis dos direitos autorais, a reprodução em qualquer que seja a forma material é infração, enquanto sob a lei do modelo, geralmente, há infração somente na aplicação ou imitação do modelo para o mesmo ou análogo artigo.
> d) Por outro lado, a proteção sob a lei do modelo é mais larga (ampla) do que na de direitos autorais, porque esta última somente impede a cópia, e uma obra independente não copiada da obra na qual o direito de autor subsiste não é infração, embora possa ser idêntica. A lei do modelo dá proteção como se fora um monopólio durante seu tempo contra a aplicação do modelo por qualquer pessoa embora o infrator atue independentemente e sem conhecimento de que o modelo está registrado.

Sobre os pontos conflitantes mencionados, com a devida cautela que se deve ter ao analisar ensinamentos doutrinários inseridos em um contexto temporal (década de 50), não se pode deixar de citar as luzes

---

aborda com propriedade as duas correntes que divergem sobre a proteção assegurada aos na época denominados desenhos e modelos industriais.
Apenas citam-se algumas observações do Douto João da Gama Cerqueira quanto à aplicação da solução brasileira para a proteção desta espécie de criação intelectual quando o mesmo afirma que "adotando a dualidade de proteção, tão combatida pelos autores franceses, a lei, entretanto, não exclui a possibilidade da cumulação das leis sobre a propriedade artística e sobre desenhos e modelos, em casos especiais. As obras artísticas, e só elas, continuam protegidas pelo Código Civil e lei especial; os desenhos e modelos industriais regem-se pela sua lei especial. Nada impede, porém, que, tratando-se de obra artística aplicada a um objeto industrial ou posta no comércio como modelo industrial, seu autor invoque a proteção do Código Civil para a obra considerada sob a sua natureza intrínseca de obra de arte, e a da lei especial para o modelo. A reprodução de uma obra de arte por processos industriais ou a sua aplicação à indústria não a desnaturam, não lhe tiram o caráter artístico. Não se pode, pois, negar ao autor o reconhecimento do seu direito, nos moldes da lei civil, nem a proteção do desenho ou modelo, como tal, no campo da concorrência".
[178] SOARES (1998, p.139-40).

de Pontes de Miranda,[179] quando tratou dos então chamados desenhos e modelos industriais, afirmando que:

> Tal como se acha o sistema jurídico brasileiro, pode existir a proteção à propriedade intelectual antes e independente da propriedade industrial, sem que a aquisição dessa tenha qualquer influxo ou repercussão naquela. Aliás, com essa atitude, também fica aberta a possibilidade de existir propriedade intelectual (artística) sobre marcas de indústria e de comércio, ou sobre expressões e sinais de propaganda.

Não se pode esquecer que o direito sobre um desenho enquanto tutelado pelo direito autoral nasce no momento da sua concepção, consistindo o registro uma mera formalidade (declarativo) para fins de prova de autoria e data da criação, sendo que o direito sobre um desenho enquanto tutelado pelas normas de propriedade industrial nasce a partir do registro (sistema atributivo).

Ultrapassando a questão da (im)possibilidade de dupla proteção dos desenhos ditos industriais, cumpre passar para a análise do atual sistema de registro de desenhos industriais previsto na Lei da Propriedade Industrial.

Na legislação anterior (Lei 5.772/71), a proteção dos modelos industriais e desenhos industriais possuía uma tramitação morosa, tendo em vista que era previsto o exame de mérito obrigatório antes do julgamento do pedido, assim como, após a publicação do pedido, era possível que terceiros apresentassem oposição, encarecendo e tornando ainda mais lento e burocrático o trâmite do pedido de privilégio de desenho e modelo industrial.[180]

Tal legislação de 1971 certamente estava preocupada com a segurança jurídica objetivada pela concessão de um direito de proprie-

---

[179] MIRANDA, op. cit., p. 408-409.
[180] Lei 5.772/71:
Art. 18. O pedido de privilégio será mantido em sigilo até a sua publicação, a ser feita depois de dezoito meses, contados da data da prioridade mais antiga, podendo ser antecipada a requerimento do depositante.
§ 1º O pedido do exame deverá ser formulado pelo depositante ou qualquer interessado, até vinte e quatro meses contados da publicação a que se refere este artigo, ou da vigência desta lei, nos casos em andamento. [...].
Art. 19. Publicado o pedido de exame, correrá o prazo de noventa dias para apresentação de eventuais oposições, dando se ciência ao depositante.
§ 1º O exame, que não ficará condicionado a eventuais manifestações sobre oposições oferecidas, verificará se o pedido de privilégio está de acordo com as prescrições legais, se está tecnicamente bem definido, se não há anterioridades e se é suscetível de utilização industrial.
§ 2º O pedido será indeferido se for considerado imprivilegiável, por contrariar as disposições dos artigos 9º e 13 deste Código.[...]

dade a um requerente que efetivamente cumprisse com os requisitos de privilegiabilidade dos modelos e desenhos industriais.

Diferentemente da proteção outorgada aos direitos autorais (registro é meramente declarativo), a proteção albergada pelo Código da Propriedade Industrial de 1971 previa um sistema atributivo de propriedade, ou seja, somente é titular da criação industrial no âmbito das marcas, invenções, modelos e desenhos aquele que obtiver o registro ou carta-patente validamente expedida pelo INPI.

Desta forma, como ainda impera hoje para as marcas e patentes, o sistema atributivo pressupõe um exame de mérito da Autarquia Federal como condição para a outorga do direito de propriedade sobre aquele sinal distintivo ou sobre aquele privilégio de invenção ou modelo de utilidade.

No entanto, no que tange aos anteriormente denominados modelos e desenhos industriais e atualmente unificados sob a denominação de desenhos industriais, com as inovações trazidas pela Lei da Propriedade Industrial nº 9.279/96, constata-se que permaneceu o sistema atributivo, mas foi retirado o prévio exame de mérito para a concessão do registro de desenho industrial.[181]

É evidente que a nova sistemática introduzida pela LPI e, de certa forma, justificada pela regra contida no art. 25 (2) do TRIPS,[182] trouxe uma maior celeridade e redução de custos na obtenção do registro do desenho industrial.

Buscando-se fontes do direito comparado, constata-se que o registro do desenho industrial junto ao Registro de Desenho Industrial Comunitário na Europa (OAMI) igualmente é efetuado sem exame prévio quanto à novidade e o chamado "caráter individual" do desenho, havendo duas situações básicas de indeferimento do pedido de registro: a) quando o objeto do pedido de registro não corresponder a um dese-

---

[181] Lei nº 9.279/96: Art. 106. Depositado o pedido de registro de desenho industrial e observado o disposto nos arts. 100, 101 e 104, será automaticamente publicado e simultaneamente concedido o registro, expedindo-se o respectivo certificado.

[182] Decreto nº 1.355 de 30/12/1994:
Artigo 25 – Requisitos para a Proteção
1. [...].
2. Cada Membro assegurará que os requisitos para garantir proteção a padrões de tecidos – particularmente no que se refere a qualquer custo, exame ou publicação – não dificulte injustificavelmente a possibilidade de buscar e de obter essa proteção. Os Membros terão liberdade para cumprir com essa obrigação por meio de lei sobre desenhos industriais ou mediante lei de direito autoral.

nho conforme definido no art. 3(a) da CDR; b) ou quando o desenho é contrário ao interesse público ou a princípios morais aceitos. Portanto, a sistemática de registro de desenho industrial sem exame de mérito não é adotada apenas no Brasil.

Ainda dentro da legislação de outros países, mais curiosos ainda são os sistemas que prevêem até mesmo a concessão de patentes sem exame de mérito, como é o caso da África do Sul, conforme preceitua a sua atual lei de patentes (South African Patents Act 57 de 1978).

Retomando a questão dos desenhos industriais no Brasil, verifica-se que, de certa forma, para contrabalançar a concessão de tão importante título de propriedade sem exame dos requisitos de novidade e originalidade, o legislador introduziu dispositivos legais que permitem atitudes processuais no sentido de restringir os direitos outorgados através do registro e obrigar, posteriormente à concessão do registro, o exame de mérito. Alguns destes dispositivos são: a) a possibilidade do titular do registro do desenho industrial em requerer o exame de mérito a qualquer tempo de vigência do registro (art. 111 da LPI); e b) a possibilidade de suspensão dos efeitos do registro no caso de instauração do processo administrativo de nulidade no prazo de 60 dias da concessão do registro (art. 113, § 1º da LPI).

Tais fatos demonstram como funciona, atualmente, o procedimento para a obtenção do registro de desenho industrial no Brasil, cumprindo agora analisar, brevemente, o efetivo exercício de direitos sobre essa propriedade industrial à luz do ordenamento jurídico pátrio.

Como elemento didático prévio a reforçar os questionamentos/críticas ao atual sistema de registro de desenhos industriais, a principal nuance que se pretende analisar quanto ao exercício de direitos se refere à antecipação de tutela pretendida pelo titular do registro de desenho industrial concedido pelo INPI sem exame de mérito.

Apesar de tal situação processual já ter sido analisada com propriedade por outros autores, dos quais destaca-se a análise de Anali de Oliveira Anhuci,[183] é importante retomar a questão com o objetivo de demonstrar a problemática atual do exercício efetivo dos direitos decorrentes do registro de desenho industrial.

Afirma a Anali Anhuci[184] que "o titular de registro de desenho industrial, em verdade, não tem em mãos título hábil a produzir prova

---

[183] ANHUCI, Anali de Oliveira. Registro de desenho industrial e a antecipação de tutela. *Revista da ABPI*, nº 47, jul/ago 2000, p. 51-52.
[184] Ibidem, p. 12.

inequívoca de seu direito, pois, no momento da concessão, não foi o seu pedido analisado com a ideal profundidade".

Verifica-se que a norma processual contida no art. 273 do Código de Processo Civil exige, como pré-requisito para a concessão da antecipação de tutela, a prova inequívoca do direito afirmado pelo autor e a verossimilhança das suas alegações.

Tais pressupostos, baseados exclusivamente em registro de desenho industrial concedido sem exame de mérito, certamente acabam por não ser preenchidos e o eventual titular do direito acaba por possuir um título de propriedade que não é albergado pelas atuais normas processuais para alcançar a efetividade do provimento jurisdicional.

É claro que a impossibilidade de obtenção de tutela antecipada escorada em registro de desenho industrial carente de exame de mérito não é absoluta. Ocorre que o titular do direito de propriedade, para exercitá-lo de forma efetiva, ou seja, para obter o provimento jurisdicional liminar, terá que comprovar exaustivamente que o objeto protegido efetivamente é novo e original (além, é claro, de provar a violação do seu direito por parte do réu).

Constata-se que a celebrada evolução legislativa do Código de Propriedade Industrial para a atual Lei da Propriedade Industrial, consubstanciada na adoção de um sistema que preza pela celeridade de atribuição de um direito que o objeto sob proteção exige, trouxe consigo dificuldades práticas processuais de exercício dos direitos que em primeiro lugar visava proteger.

Imagine-se, ainda, o eventual posicionamento de que o tão só registro de desenho industrial sem exame de mérito, como título de propriedade que é, já possibilitaria a concessão da tutela antecipada pretendida. Tal fato estaria legitimando, na prática, a existência de procedimentos judiciais muitas vezes desvirtuados e atentatórios da segurança jurídica, sendo que esta sistemática de atribuição de direito antes da análise prévia do estado da técnica já era condenada por Gama Cerqueira quando da sua análise do prazo de duração das patentes e os inconvenientes gerados pela demora na concessão de privilégios:[185]

> Para obviar a tão grandes inconvenientes, a solução radical seria fazer coincidir o início da proteção legal com o depósito do pedido, e, conseqüentemente, fixar na mesma data o início do prazo de duração do privilégio. Esta solução, porém,

---

[185] CERQUEIRA, op. cit., p. 466.

se adotada, ofereceria inconvenientes também graves, pois são bastante freqüentes os pedidos de patente para objeto do domínio público, sendo perigoso, assim, facultar-se ao requerente do privilégio, desde o momento do depósito do pedido, o uso das ações penal e cível de perdas e danos, que poderiam ser dirigidas contra pessoas que, antes do pedido da patente, já exploravam a suposta invenção.

Ora, o que o Mestre Gama Cerqueira tentava evitar no caso das patentes era justamente o que a lei da propriedade industrial está a permitir hoje quanto à persecução cível e criminal baseadas em um registro de desenho industrial empobrecido de conteúdo, mas enriquecido em direitos.

Fica o questionamento: Até que ponto o atual sistema de registro de desenhos industriais efetivamente trouxe benefícios práticos no exercício de direitos de seus titulares e até que ponto esse potencial utilitarista pode ser aplicado em detrimento da segurança jurídica e até mesmo de um plano social?

Importa buscar saber se o caminho do legislador ordinário adotado para a atual proteção dos desenhos industriais no Brasil está em sintonia com a norma constitucional que trata dos direitos de propriedade industrial "tendo em vista o interesse social e o desenvolvimento tecnológico e econômico do País", a qual expressa a destacada preponderância harmônica das teorias utilitarista e do plano social.

Certamente o maior problema da legislação anterior (Lei 5.772/71) era a morosidade no exame dos pedidos de patente dos então chamados modelos e desenhos industriais frente à própria essência de tais criações industriais caracterizadas pela sua momentaneidade de utilização, ou seja, a chamada "vida útil" ou o interesse de um empresário sobre um determinado desenho industrial no mercado de consumo era, em muitos casos, menor do que o prazo efetivo que o Estado, através da sua Autarquia Federal (INPI) levava para julgar os pedidos. Desta forma, quando o pedido era finalmente deferido, sendo atribuído o direito de propriedade, muitas eram às vezes em que o momento comercial do produto já havia sido ultrapassado, de modo que não havia mais interesse na proteção inicialmente almejada.

Qual seria o interesse social em um sistema que, em muitos casos, não traz efetividade na proteção de um bem que deveria ser juridicamente tutelado?

Tal sistema baseado na concessão de um direito de propriedade tão importante sem exame prévio de mérito não é razoável, sendo que

Denis Borges Barbosa,[186] ao analisar a aplicação do princípio da razoabilidade à propriedade intelectual, assevera que:

> Dois óbvios resultados derivam da aplicação do princípio da razoabilidade: um, na formulação da lei ordinária que realiza o equilíbrio, que deve – sob pena de inconstitucionalidade ou lesão de princípio fundamental – realizar adequadamente o equilíbrio das tensões constitucionais; a segunda conseqüência é a de que a interpretação dos dispositivos que realizam os direitos de exclusiva deve balancear com igual perícia os interesses contrastantes.

É evidente que a melhor solução encontrada na época para o caso foi o estabelecimento de um procedimento no qual o Estado concede um registro (atribuindo propriedade) àquele que o solicitar, mesmo sem saber se o direito de propriedade pleiteado preenche os requisitos de novidade e originalidade exigidos para a sua validade. Ou seja, o Estado assume uma postura de Poncio Pilatus.

Nitidamente foi valorizada a celeridade em detrimento não apenas da segurança jurídica, mas também da essência de um sistema atributivo de direitos, como impera na área da propriedade industrial, prejudicando o atendimento do norte constitucional traçado pelo legislador originário.

Deve-se destacar que a Constituição Federal não impõe a existência de um sistema atributivo de propriedade para os desenhos industriais, no entanto, no momento em que a LPI o faz não pode ser contraditória quanto ao momento e forma de obtenção desse direito de propriedade. Sistema atributivo em propriedade industrial pressupõe análise de mérito, pois o direito de propriedade industrial que depende de intervenção do Estado para ser constituído pressupõe um mínimo de segurança jurídica de responsabilidade do próprio Estado em prover.

Frise-se que esta segurança jurídica não objetiva atingir tão somente aquele que pretende obter o direito sobre o desenho industrial, mas também todos aqueles (sociedade) que estarão suscetíveis de sofrer demandas judiciais por eventual violação do referido direito constituído de forma precária.

Deve-se sempre ter em mente que se trata de um direito de propriedade e, como tal, constitui-se em um dos mais importantes direitos tutelados em um Estado Democrático de Direito, de modo que a relativização de análise dos pressupostos que permitem a constituição

---

[186] BARBOSA, Dennis Borges. *Bases constitucionais da propriedade intelectual*. Disponível em *http://denisbarbosa.addr.com/trabalhospi.htm*. Acessado em julho de 2005.

desse direito deve ser cuidadosamente sopesada frente aos interesses públicos envolvidos e o dever de interpretação no sentido de se atribuir uma preponderância das teorias utilitarista e do plano social expressas através do dispositivo constitucional.

Nesse sentido, deve-se respeitar a formação das leis ordinárias, mas nunca hiper valorizá-las quando confrontadas com o texto Constitucional, de modo que John Rawls,[187] ao analisar a importância da regra da maioria, nos ensina que "embora em dadas circunstâncias se justifique a afirmação de que a maioria (adequadamente definida e circunscrita) tem o direito constitucional de legislar, isso não implica que as leis elaboradas sejam justas".

Se de um lado constata-se que a demora procedimental na concessão de um registro de desenho industrial atenta contra os interesses dos titulares dos direitos a serem reconhecidos, por outro se verifica que a concessão célere desse direito de propriedade em detrimento do exame de mérito prévio atenta contra a segurança jurídica e contra a própria essência de um sistema atributivo de direitos.

Não estaria o legislador ordinário a atentar contra o interesse social ao possibilitar a concessão pelo Estado de um direito de propriedade de tamanha importância sem exame de mérito?

Pode o Estado, para solucionar a problemática morosidade na concessão de registros de desenhos industriais, sacrificar a segurança jurídica da sociedade como um todo?

Saliente-se que, em virtude da morosidade administrativa no julgamento dos pedidos de registro quando feitos sob a égide da legislação anterior frente à natureza da proteção pleiteada (desenhos industriais são, na maior parte das vezes, transitórios e de interesse dos seus titulares por apenas um curto espaço de tempo), pode-se chegar à conclusão de que a supressão do exame prévio dos requisitos de originalidade e novidade seria justa e eficaz.

Destaca-se, ainda, que o fato de se considerar injustas as atuais disposições legais que suprimiram o exame de mérito no sistema atributivo de registro de desenhos industriais não significa considerar que a Lei não deve ser obedecida. Ao comentar o dever de obediência a uma lei injusta, John Rawls[188] leciona que:

---
[187] RAWLS, op. cit., p. 395.
[188] Idem, p. 389.

A verdadeira questão está em saber em que circunstâncias e em que medida somos obrigados a obedecer a ordenações injustas. Às vezes se diz que, nesses casos, nunca temos a obrigação de obedecer. Mas isso é um erro. A injustiça de uma lei não é, em geral, razão suficiente para não lhe obedecer assim como a validade jurídica da legislação (conforme a define a constituição em vigor) não é razão suficiente para concordarmos com sua manutenção.

Ou seja, o recurso procedimental consubstanciado na chamada regra da maioria, ainda segundo Rawls, é a melhor maneira disponível de garantir uma legislação justa e eficaz, no entanto, o simples fato da sua essencial existência em um Estado Democrático de Direito não garante a elaboração de uma legislação justa, apesar de muitas vezes eficaz.

Nesse ponto é que se expressa um posicionamento quanto à incompatibilidade de um sistema atributivo de direito com a concessão de direito de propriedade não precedida de exame de mérito pelo órgão público competente, que para muitos pode ser considerado um retrocesso em relação à festejada evolução da legislação anterior (Lei 5.772/71) para a atual lei da propriedade industrial (Lei 9.279/96).

Desta forma, destaca-se que o principal fundamento se escora no fato de que a eficácia (média de quatro meses para a concessão do registro de desenho industrial) não pode ser tida como justa no momento em que o princípio básico do sistema atributivo é sacrificado, não estando em sintonia com a preponderância harmônica das teorias utilitarista e do plano social previstas no inciso XXIX do art. 5º da Carta Magna de 1988.[189]

Ora, verifica-se a livre iniciativa, livre concorrência e devido processo legal de um lado[190] associadas aos interesses sociais, econômicos e à segurança jurídica, e de outro lado as restrições impostas ao exercício destes princípios através da concessão de direitos de proprie-

---

[189] Constituição Federal de 1988: "Art. 5º [...]: XXIX – a lei assegurará aos autores de inventos industriais privilégio temporário para sua utilização, bem como proteção às criações industriais, à propriedade das marcas, aos nomes de empresas e a outros signos distintivos, tendo em vista o interesse social e o desenvolvimento tecnológico e econômico do País;"
[190] Constituição Federal de 1988: "Art. 1º A República [...] tem como fundamentos: IV – os valores sociais do trabalho e da livre iniciativa;
Art. 5º [...], LV – aos litigantes em processo judicial ou administrativo, e aos acusados em geral são assegurados o contraditório e ampla defesa, com os meios e recursos a ela inerentes;
Art. 170. A ordem econômica, fundada na valorização do trabalho humano e na livre iniciativa, tem por fim assegurar a todos existência digna, conforme os ditames da justiça social, observados os seguintes princípios: [...]
IV – livre concorrência;"

dade industrial pelo Estado, de modo que permanece o questionamento fundamental se o Estado pode conceder tão importante direito de propriedade sem analisar seu mérito?

Muitos alegam que o devido processo legal não deixou de existir, mas sim foi apenas transferido para momento posterior à concessão do registro de desenho industrial, de modo que tal previsão legal seria razoável tendo em vista a essência temporal provisória do objeto tutelado.

Em que pese as justificativas expostas, o fato de existirem mecanismos processuais aptos a efetuar o exame de mérito, anular e até mesmo suspender administrativamente os efeitos do registro posteriormente à sua concessão não justificam ou autorizam que o Estado conceda tão importante direito de propriedade ao particular sem analisar previamente se esse direito lhe cabe, pois se constitui em nítida ameaça à segurança jurídica e à preponderância harmônica constitucional que deve imperar das teorias utilitarista e do plano social.

Questiona-se, ainda, a própria eficácia da celeridade administrativa sob o ponto de vista do exercício de direitos oriundos de registro "frágil", conforme já abordado nas possíveis limitações quanto à concessão de tutelas antecipadas escoradas em título de propriedade concedido sem exame da sua novidade e originalidade, de modo que este fato serve de reflexão até mesmo para aqueles filiados à preponderância única de uma teoria utilitarista.

A essência de um sistema atributivo está diretamente associada à exigibilidade de exame prévio de mérito, a qual expressa os desígnios traçados pelo dispositivo constitucional específico, respeitando-se os argumentos para a existência e manutenção de um sistema atributivo de concessão de direitos de propriedade industrial sobre desenhos industriais sem exame prévio da novidade e originalidade.

A aparentemente utópica pretensão de um exame de mérito de desenhos industriais mais célere e condizente com a natureza do bem industrial a ser protegido não parece tão dissociada de uma realidade futura, tendo em vista a constante evolução das tecnologias para análise de elementos figurativos. No entanto, na própria realidade atual, não se pode estabelecer uma legislação que mesmo apresentando eficácia (a qual em determinadas situações de exercício dos direitos é relativizada) traga uma solução injusta ou não comprometida com a coletividade.

Através da análise feita a respeito da atual legislação de desenhos industriais em relação aos desígnios constitucionais, tem-se que, de fato, existe um descompasso entre o desejável e a realização do possível, de modo que na tentativa de implementar o desejável para o titular de direitos sobre desenhos industriais o legislador originário não atentou para o correto balanceamento das teorias preponderantes traçadas pela Constituição Federal.

5.3. As marcas

Importante notar a incidência das teorias estudadas e os seus reflexos na interpretação da legislação infraconstitucional específica, de modo a buscar uma exegese harmônica e em sintonia com os desejos constitucionais.

5.3.1. Sistema atributivo ou misto?

Inicialmente cumpre destacar que o sistema de proteção e exercício de direitos sobre marcas adotado pela legislação ordinária brasileira está baseado em um sistema atributivo e não em um sistema misto ou declarativo.

Este posicionamento inicial é importante porque existem divergências doutrinárias que enquadram o nosso sistema como um sistema misto, citando a "exceção" do § 1º do art. 129 da LPI (direito de precedência ao registro) como motivadora deste enquadramento,[191] quando, na verdade, entende-se que o direito de precedência ao registro não é uma flexibilização do sistema atributivo, mas sim uma exceção ao sistema do *first to file*, o que são questões distintas.

---

[191] MORO, op. cit., p. 54. A autora destaca que a existência da norma do art. 129, § 1º da LPI expõe uma típica manifestação de um sistema declarativo, havendo uma mescla entre os sistemas atributivo e declarativo, afirmando que o sistema brasileiro seria um sistema misto entre atributivo e declarativo com predominância do sistema atributivo. Em que pese o posicionamento da respeitada autora, entende-se que a "mistura" de sistemas existentes ocorre entre o sistema do *first to file* e do *first to use* e não entre os sistemas atributivo e declarativo, tendo em vista que o direito de precedência ao registro flexibiliza o sistema *first to file* em homenagem ao *first to use*, mas isso não significa uma flexibilização na atributividade do sistema brasileiro. Ou seja, a propriedade da marca sempre é adquirida apenas pelo registro validamente expedido pelo INPI, deixando claro que somente o detentor do registro é que estará legitimado a exercer os direitos sobre a marca contra eventuais violações à propriedade da mesma.

Certas inconsistências são verificadas se confrontada a legislação ordinária em vigor e a própria Constituição Federal de 1988, como destaca Tinoco Soares a respeito do conflito entre o art. 6º bis e 8º da CUP e o próprio dispositivo constitucional que assegura proteção "à propriedade das marcas":

> Ao que nos parece há uma afronta à Constituição Federal que assegura a "propriedade da marca", e esta, como está claro no dispositivo em exame, adquire-se pelo registro "validamente concedido". O que não for concedido, em nosso país, em razão da exegese feita por nós, ao que tudo indica e a evidência confirma, não vale nada.[192]

5.3.2. Extensão de proteção da marca registrada e correta interpretação do princípio da especialidade

Importante destacar alguns equívocos quanto à extensão da proteção à marca registrada. Muitos julgados têm asseverado que a proteção da marca está limitada à classe de atividade para a qual foi efetuado o registro, quando, na verdade, o espectro de proteção à marca registrada pode ir além da classe para a qual foi efetuado o registro.

Tal fato ocorre com marcas que identificam programas de computador vendidos prontos (classe 09) e marcas que identificam a prestação de serviço de desenvolvimento de programas de computador sob encomenda (classe 42). Outro exemplo é aquele referente às marcas de artigos do vestuário e aquelas marcas de acessórios dos artigos do vestuário, tais como óculos e bolsas, que se localizam em classes diversas, mas possuem nítida afinidade mercadológica.

Um dispositivo nevrálgico para que se entenda que a proteção da marca não está adstrita à classe de atividades é o art. 124, XIX da LPI que assim dispõe:

> Art. 124 – Não são registráveis como marca:
> XIX – reprodução ou imitação, no todo ou em parte, ainda que com acréscimo, de marca alheia registrada, para distinguir ou certificar produto ou serviço idêntico, semelhante ou afim, suscetível de causar confusão ou associação com marca alheia;

Ou seja, a lei não fala em classes, mas que uma marca não é suscetível de registro se pretendida "[...] para distinguir ou certificar produto ou serviço idêntico, semelhante ou afim [...]" e também fala

---
[192] SOARES, 2003, p. 133.

em possibilidade "[...] de causar confusão ou associação com marca alheia".

O sistema de classes foi criado para facilitar buscas e divisão de marcas por questões organizacionais e não com objetivo puramente de separação por ramos de atividade.

Da mesma forma que é possível que a amplitude de proteção da marca vá além da classe para a qual a mesma foi registrada, também é possível que dentro de uma mesma classe exista o registro de duas marcas iguais para identificar produtos diversos, como é o caso, por exemplo, das classes 09 e 42, as quais possuem uma diversidade de produtos e serviços que, muitas vezes, não guardam qualquer relação entre si, possibilitando, assim, que titulares diversos obtenham o registro de marcas iguais para identificar produtos diferentes abrangidos dentro da mesma classe, desde que não haja possibilidade de confusão ou associação entre as marcas.

Portanto, a interpretação que parte do pressuposto de que se deve considerar a classe para a qual a marca está registrada para se determinar a amplitude de direitos do seu titular está equivocada no seu acordo semântico inicial, contrariando os desígnios constitucionais expressos através da própria LPI nesse aspecto de que a divisão por classes serve apenas para facilitação organizacional, não sendo fator determinante da extensão dos direitos sobre determinada marca.

Suponha-se que um consumidor tenha adquirido em uma loja um programa de computador destinado à organização de fluxo de caixa, sendo que a marca desse programa é "Kablitzy". O consumidor usa o programa, adora a sua interface, aplicativos e resultados operacionais. Sua empresa evolui e esse consumidor passa a procurar novidades na área de organização de fluxo de caixa para a sua empresa, quando ele se depara com um anúncio no jornal de uma empresa prestadora de serviços na área de informática que se chama "Kablitzy" e pensa: "Era isso mesmo que eu precisava, agora vou poder ter a mesma qualidade do software que adquiri com as customizações específicas que preciso para a minha empresa". Mal sonha este consumidor que as marcas ostentadas são de titulares diversos...

Nesse sentido, Maurício Lopes de Oliveira[193] destaca que existem ramos mercadológicos nos quais é reconhecida a afinidade, tais como

---

[193] OLIVEIRA, op. cit., p. 57-58.

afinidade entre produtos alimentícios, afinidade entre produtos de luxo e afinidade entre roupas e acessórios do vestuário.

Ou seja, o sistema protetor das marcas visa proteger o consumidor para que o mesmo não seja induzido a erro ou associação indevida, assim como visa proteger o titular da marca quanto a esses erros e associações indevidas que podem denegrir a imagem da marca e gerar prejuízos financeiros ao seu titular.

Por tal motivo é que se sustenta o acerto da LPI ao estabelecer o seu inciso XIX do art. 124, deixando claro que qualquer que seja a classificação de marcas que se adote para fins de organização/catalogação de produtos e serviços, tal classificação não possui nenhuma influência na análise da existência de confusão ou associação entre marcas iguais e similares presentes no mercado de consumo.

Esse é o espírito constitucional de proteção à "propriedade das marcas", ou seja, sem amarras estanques que limitem o exercício do direito do seu titular, mas sim com a compreensão de que toda a interpretação a ser feita depende de circunstâncias fáticas, cuja solução jurídica não pode depender de norma fechada, mas sim da abertura do sistema voltada para a busca da melhor solução em cada caso. E essa abertura constitucionalmente estabelecida é corretamente prevista no inciso XIX do art. 124 da LPI, dentre outros dispositivos da referida lei ordinária.

Interessante notar que as controvérsias quanto à justificativa da proteção à propriedade das marcas, sua intensidade, extensão e limites, são menores do que em relação aos direitos sobre patentes e direitos autorais. Tal fato possui algumas justificativas, estando entre elas a maior facilidade de comprovação empírica de que o sistema de proteção às marcas adotado atende ao norte constitucional traçado.

Ou seja, proteção forte à marca registrada e em uso, com as restrições impostas pelo princípio da especificidade, gera segurança ao consumidor quanto à origem dos produtos (violadores de marca são inibidos) e segurança ao titular da marca para investir na sua consolidação no mercado. Gera também um sentimento no titular da marca de produzir produtos ou prestar serviços de qualidade, pois caso contrário o consumidor saberá identificar qual produto ou serviço é de má qualidade.

Desta forma, compreendem-se as razões pelas quais o registro de uma marca dura dez anos, podendo ser renovado por períodos sucessivos de 10 anos indefinidamente, assim como as razões pelas quais se outorga uma proteção especial à marca de alto renome.

5.3.3. Pluralidade de titulares de marca

Importante destacar, nessa seara de adequação legislativa aos ditames constitucionais, que admitir a pluralidade de titulares de uma mesma marca (quando não se trate das marcas coletivas, reguladas na LPI) fere frontalmente o balanceamento da aplicação harmônica preponderante das teorias utilitarista e do plano social expressas em nossa CF/88.

Esta assertiva possui respaldo na função da marca em estabelecer claramente a sua origem e responsável, ou seja, o consumidor não pode ter insegurança quanto à responsabilidade referente a determinado produto ou serviço identificado por uma marca que tenha dois, três ou mais titulares (proprietários)!

Tal fato em nada se confunde com a possibilidade de licenciamento ou de franquia da marca, pois, neste caso, não se estaria falando em "propriedade", mas sim em direito de uso de determinada marca sob determinadas condições.

5.3.4. Proteção especial ao depositante do pedido de registro de marca

Outro aspecto de fundamental importância e que sofreu um tratamento equivocado da LPI é o da proteção especial ao "depositante" de pedido de registro de marca sem ter a sua marca ainda deferida pelo INPI.

Em princípio somente o titular do direito de propriedade alcançado através da concessão do registro validamente expedido pela Autarquia Federal é quem possui todos os direitos decorrentes de um sistema atributivo de propriedade, como é o caso do sistema marcário, em estrita sintonia da cláusula vinculativa constitucional.

No entanto, de acordo com o art. 130, III, da LPI,[194] a LPI prevê uma única hipótese em que o depositante do pedido de registro de

---

[194] Art. 130. Ao titular da marca *ou ao depositante* é ainda assegurado o direito de:
I – ceder seu registro ou pedido de registro;
II – licenciar seu uso;
III – *zelar pela sua integridade material ou reputação.* (o grifo é nosso).

marca está legitimado a defendê-la anteriormente à concessão do registro pelo INPI.

Zelar pela integridade material ou reputação da marca é um direito limitado concedido ao depositante do pedido de registro de marca somente quando comprovada uma situação de violação desses direitos subjetivos, conforme previsto no dispositivo citado. Tal dispositivo não está em sintonia com o mandamento constitucional porque ele extrapola a própria sistemática estabelecida para a aquisição de propriedade sobre determinada marca, ou seja, a atributividade do sistema.

Quando a Carta Magna fala que a lei assegurará proteção à propriedade das marcas, ela fala taxativamente em proteção à propriedade das marcas e não à expectativa de futuro direito de propriedade à marca. Isso quer dizer que, assegurar proteção à integridade material ou reputação de determinada marca enquanto ainda não concedida pelo INPI, ou seja, assegurar tal direito ao seu depositante, fere frontalmente o disposto no inciso XXIX do art. 5º da CF/88.

Isso não quer dizer que o direito não esteja amparando o titular de expectativa de direito sob determinada marca pendente de julgamento, mas sim que o direito sobre marcas não é o caminho certo a dar uma resposta jurídica para esse abuso de direitos.

Tal situação pode ser solucionada pela aplicação das normas que vedam os atos de concorrência desleal ou das normas que tutelam as relações de consumo, ou ainda, dependendo do caso concreto, de outros princípios jurídicos que atendam à situação específica. Mas, enfatiza-se, a solução para o depositante do pedido de registro de marca não pode ser dada com base na sua "expectativa de direito" a um futuro registro e, conseqüentemente, a um futuro direito de propriedade sobre a marca.

Para exemplificar, supõe-se a seguinte situação hipotética: A empresa X ingressa com o pedido de registro de sua marca KTH junto ao INPI em 2005. Em janeiro de 2006 a empresa Y, conhecendo a boa aceitação do mercado da marca KTH da empresa X, lança a mesma marca KTH para identificar os mesmos produtos da empresa X. No entanto, os produtos da empresa Y possuem comprovadamente qualidade muito inferior aos produtos da empresa X, começando a gerar reclamações de clientes à empresa X que adquiriram os produtos da marca KTH produzidos pela empresa Y.

Neste caso específico, supondo que a marca KTH não tenha sido ainda concedida pelo INPI à empresa X e supondo também que existam provas cabais da baixa qualidade dos produtos e das reclamações ou confusões geradas nos consumidores, estaria a empresa X erroneamente amparada pelo art. 130, III, da LPI para defender a integridade ou reputação da sua marca KTH, quando na verdade poderia estar corretamente fundamentada no art. 195 da LPI c/c art. art. 4°, VI do Código de Defesa do Consumidor Brasileiro (Lei nº 8.078/90).

Diz-se erroneamente amparada pelo art. 130, III, da LPI porque tal dispositivo viola diretamente o art. 5°, XXIX, da CF/88, pois o mesmo ordena que a lei ordinária assegure proteção à propriedade das marcas e não proteção à expectativa de direito sobre determinada marca. E como a própria LPI estabelece em artigo precedente (art. 129) que a propriedade da marca se adquire pelo registro validamente expedido, fica cristalina a incompatibilidade do inciso III do art. 130 com a própria sistemática instituída pela lei ordinária específica.

A situação de se permitir que o depositante ceda ou licencie a sua expectativa de direito não viola a Constituição Federal porque não se está tratando de cessão ou licenciamento de um direito de propriedade, mas sim de uma expectativa de direito, a qual deve ser claramente declarada no instrumento contratual, sob pena de nulidade, caso seja utilizado de má-fé em fazer crer ao licenciado ou adquirente que aquela marca trata-se de marca registrada.

Com base no exposto, verificam-se as situações de compatibilidade e incompatibilidade da LPI com a Carta Magna de 1988, na tentativa de demonstrar os vários acertos e alguns desvios da LPI quando da tradução da essência harmônica preponderante das teorias utilitarista e do plano social na realidade jurídica brasileira.

Após essa breve análise, que não esgotou o assunto, mas apenas mostrou determinados aspectos para os quais foi dado destaque, cumpre verificar como está sendo efetivada a interpretação da Lei aplicada aos casos concretos.

6. Interpretação jurisprudencial das bases da propriedade industrial quando da aplicação da lei aos casos concretos

É importante verificar a compreensão dos Tribunais no que se refere à propriedade industrial quando surgem casos concretos, de modo a identificar a prevalência das teorias abordadas no decorrer deste trabalho e constatar sua consonância ou não com o que vem sendo aplicado em determinados casos específicos.

Destaca-se que a aplicação da lei ao caso concreto cabe aos "Juízes" (apesar de Hart mencionar "Tribunais"), sendo importante reproduzir a seguinte afirmação de H. L. A. Hart:[195]

> On the other hand, predictions of judicial decisions have undeniably an important place in the law. When the area of open texture is reached, very often all we can profitably offer in answer to the question "What is the law on this matter?" is a guarded prediction of what the courts will do. More over, even where what the rules require is clear to all, the statement of it may often be made in the form of a prediction of the courts decision.

Ressalte-se que a pesquisa realizada abrange somente algumas decisões pinçadas de alguns tribunais, sendo que esta limitação metodológica se destina a possibilitar uma análise detalhada de caso a caso, sem haver a preocupação de estabelecer estatísticas ou eventuais contradições entre julgados de uma mesma Turma/Câmara ou de diferentes Turmas/Câmaras.

Destaque-se que foram apresentadas apenas algumas decisões mais recentes de casos de Turmas/Câmaras para mostrar a visão atual de determinados julgados.

---

[195] HART, H. L. A. *The concept of Law*. 2. ed. Oxford University Press, 1994, p. 147.

Os casos analisados são divididos por espécies dos direitos de propriedade industrial, objeto do presente estudo, visando verificar como as teorias estudadas anteriormente estão (ou não) sendo levadas em consideração, direta ou indiretamente, na solução dos casos.

6.1. Julgamentos envolvendo casos de patentes

Na pesquisa enfrentou-se uma escassez de julgados que tratam de decisões envolvendo o direito de patentes no Brasil, que vão além da simples aplicação da lei ordinária, ou seja, que efetivamente estejam fundamentadas na Carta Magna de 1988 e, conseqüentemente, sustentadas em uma ou mais das teorias sob exame.

Como exemplo destas decisões que tangenciam ou até mesmo enfrentam a questão constitucional foram encontrados dois julgados específicos, os quais são analisados.

O primeiro deles diz respeito a um acórdão em apelação cível julgado em março de 2005 pela 15ª Câmara Cível do TJRS, de relatoria do Desembargador Otávio Augusto de Freitas Barcellos (APC nº 70009084583), envolvendo um caso referente à ação de contrafação e concorrência desleal sobre uma capinadeira urbana objeto de patente de modelo de utilidade, no qual o Ilustre Desembargador estabelece conceitos e princípios sobre as patentes, cumprindo destacar trecho do voto que interessa ao presente estudo:

> A pesquisa e o desenvolvimento para elaboração de novos produtos requerem, na maioria das vezes, grandes investimentos. Proteger esses produtos através de uma patente significa prevenir-se de que competidores copiem e vendam aludidos produtos, inclusive uma peculiaridade da patente é o modelo de utilidade, a um preço mais baixo, uma vez que eles não foram onerados com os custos da pesquisa e desenvolvimento do produto.
>
> A proteção conferida pela patente é, portanto, um valioso e imprescindível instrumento para que a invenção se torne investimento rentável. Patente é título de propriedade temporária sobre uma invenção ou modelo de utilidade, outorgado pelo Estado aos inventores ou outras pessoas físicas ou jurídicas detentoras de direitos sobre a criação. Em contrapartida, o inventor se obriga a revelar detalhadamente todo o conteúdo técnico da matéria protegida pela patente.

A análise do Relator é perfeita no que tange à chamada "troca" de interesses entre o coletivo e o individual, ou seja, o Estado confere um direito temporário e limitado de excluir terceiros de utilizar o objeto da invenção e, em troca, o indivíduo se obriga a descrever detalhadamente a tecnologia que, caso contrário, em tese, ficaria guardada como segredo de negócio ou demoraria muito mais tempo para ser acessível ao público.

No entanto, cuidados devem ser tomados com a absolutização das afirmações, tendo em vista que nem sempre a proteção conferida pela patente é um "imprescindível instrumento para que a invenção se torne um investimento rentável", pois muitas vezes a rentabilidade oriunda da exploração efetiva de uma invenção está mais relacionada com a capacidade organizacional e gerencial da empresa, entre outros aspectos, do que propriamente com a existência do título de propriedade temporária expresso pela patente.

Faltam, como detalhado anteriormente, comprovações empíricas de que o atual sistema de patentes realmente está próximo do sistema ideal ou se ainda existem lapidações a serem feitas para que tal sistema realmente seja uma das melhores molas propulsoras existentes do desenvolvimento econômico, social e tecnológico.[196]

Mais adiante, o voto do Relator destaca que:

> À medida que a sociedade evolui, a relação de consumo se modifica, assim como novos produtos são incorporados ao mercado e novas tecnologias são inventadas pelo homem, tudo isso contextualizado a uma disputa acirrada entre os indivíduos componentes do mesmo seio social, que buscam sempre a expansão de suas riquezas almejando cada vez mais um maior índice de lucro.
>
> A proteção da propriedade intelectual está intimamente ligada a todos esses fatores sociais, chegando até a ser apontada por muitos doutrinadores, como um dos responsáveis ao desenvolvimento da sociedade. Não é difícil imaginar o porquê de tal denominação, basta tomarmos o exemplo das patentes. Imagine que caos seria se não fosse dado ao inventor o direito de obter um retorno financeiro em razão de sua invenção. Se tal fato realmente ocorresse, não haveria nenhum incentivo à pesquisa, pois de nada adiantaria o dispêndio financeiro na tentativa de descoberta de novos produtos, se depois estes pudessem ser comercializados por qualquer empresa, sem nenhum retorno à empresa que o inventou.

Mais uma vez trata com clareza a relação direta entre a proteção da propriedade intelectual e os fatores sociais, apenas omitindo que a abrangência e a restrição dessa proteção devem sempre (aí sim cabe a

---

[196] Alguns autores citados, como Stiglitz, Adam Jaffe, Josh Lerner, Carla Eugenia Barros, entre outros, demonstram claramente que devem ocorrer modificações no sistema de patentes para que ele seja realmente um instrumento equilibrado de atendimento dos interesses de cada País.

absolutização) estar em sintonia com a condicional do interesse social e desenvolvimento econômico e tecnológico do País.

Através do trecho analisado percebe-se ao menos uma consciência de que norte deve ser traçado na interpretação dos direitos de patentes, de modo que a harmonia da preponderância das teorias utilitarista e do plano social deve sempre prevalecer na aplicação da Lei ao caso concreto relacionado às patentes.

Também se deve atentar para o fato de que nem toda a proteção patentária atinge tal harmonia, se revelando, em muitos casos, como verdadeiro abuso, muitas vezes amparado por equivocadas interpretações isoladas de normas jurídicas, ignorando-se a exegese sistemática e aberta que deve pautar também os casos envolvendo os direitos sobre patentes.

O outro julgado analisado, oriundo de decisão da 5ª Turma do Tribunal Regional Federal da 2ª Região,[197] diz respeito ao estímulo dado às patentes, discorrendo que:

> Primeiramente, cumpre salientar que a proteção à propriedade industrial encontra assento constitucional no artigo 5º, XXIX da Carta Magna, segundo o qual, no que tange a patentes, é assegurado privilégio temporário aos autores de inventos para sua utilização e proteção às criações industriais tendo em vista o desenvolvimento tecnológico e econômico do país. Tal dispositivo coaduna-se com o espírito de estímulo ao crescimento do país na medida em que incentiva a produção de invenções e criação de tecnologia, promovendo a competição entre os inventores e beneficiando, em última instância não apenas o mercado consumidor, mas a própria sociedade, destinatária final de tais inventos.
> Por outro lado, a Norma Ápice igualmente assegura, em seu artigo 170, IV, como princípio geral da ordem econômica, a livre concorrência. Tal previsão, que também objetiva a promoção do desenvolvimento, a princípio parece colidir com o dispositivo supramencionado. Entretanto, cumpre ressaltar que o Ordenamento Jurídico não tolera contradições, de forma que deve ser analisado como um sistema. Portanto, justamente pelo fato do artigo 5º, XXIX ser uma espécie de exceção ao princípio da livre iniciativa devem os requisitos para concessão de patente ser analisados com rigor, somente podendo receber proteção patentária o que não for considerado como pertencente ao domínio público, ou seja, não tido como de conhecimento geral, de modo a não causar contradições quando da ponderação de tais princípios de igual magnitude.

Deve-se saudar a decisão acima como decorrente de estudo específico e aprofundado dos direitos de propriedade sobre patentes, pois

---

[197] TRF2. 5ª Turma – Apelação Cível nº 1999.51.01.056312-4. Rel. Des. Federal Vera Lúcia Lima. Julgado em 18/06/2003.

estabelece relações muito importantes para a compreensão de tais direitos, sendo que tal aprofundamento constitucional deveria ser inerente a todos os julgados na área da propriedade intelectual.

No entanto, com o compromisso científico de analisar o julgado na esteira da preponderância das teorias analisadas como expressão dos desejos do constituinte originário, a leitura de tais trechos do acórdão conduz à conclusão de que a concessão de um privilégio temporário aos autores de invenção "incentiva a produção de invenções e criação de tecnologia, promovendo a competição entre os inventores e beneficiando, em última instância, não apenas o mercado consumidor, mas a própria sociedade, destinatária final de tais inventos".

Ora, nem sempre essa equação ordenada: incentivo à produção de invenções com a concessão de patentes ⇒ geração de desenvolvimento econômico e tecnológico ⇒ atendimento do interesse social, é verdadeira, tendo em vista que expressa uma visão eminentemente utilitarista de que a geração de desenvolvimento econômico e tecnológico gera, necessariamente, atendimento ao interesse social.

Ou seja, a equação correta deveria ser: A abrangência e as restrições à proteção das invenções e criações industriais depende? do adequado balanceamento do interesse social e do desenvolvimento econômico e tecnológico do País, e não de que o atendimento do interesse social é decorrência necessária do desenvolvimento econômico e tecnológico.

Com esta equação se expressa de forma mais correta os desígnios constitucionais de que deve haver uma preponderância harmônica entre as teorias utilitarista e do plano social ao invés da tendência prática e com maior facilidade justificativa imediata de se embasar os direitos de propriedade industrial em uma teoria puramente utilitarista, do trabalho ou uma combinação de ambas.

Indo mais além na análise do caso não se pode dizer que o direito de propriedade temporária sobre uma invenção corresponde a uma "espécie de exceção à livre iniciativa", mas sim que o direito sobre uma patente é limitado pelo direito à livre iniciativa, assim como o direito à livre iniciativa é limitado pelo direito sobre a patente. Isso quer dizer que o que é vedado é o abuso de um lado e de outro, de modo a não existir um direito que funcione como "exceção" ao outro, até mesmo porque está a se falar de direitos colocados lado a lado pelo legislador constitucional. A grande questão que exige a melhor interpretação está no fato de buscar definir o que é abuso e o que é exercício regular de um direito em um caso concreto envolvendo direito sobre patentes e livre iniciativa ou algum outro conflito aparente de interesses juridicamente discutíveis.

Mas quando trata da ponderação de princípios de igual magnitude, deve ser elogiada a referida decisão, pois demonstra a necessidade de considerar o sistema como um sistema aberto e reconhecer a proteção patentária não além daquilo que foi requerido pelo inventor, não compreendido pelo estado da técnica e não vedado pelo ordenamento jurídico.

Portanto, a escolha pontual dos dois julgados comentados sobre patentes objetivou trazer à tona a importância da correta construção dos acordos semânticos em harmonia com o que dispõe a Carta Magna de 1988, de modo a evitar desvios interpretativos indesejados que podem ser importantes para o alcance da melhor solução para o caso concreto.

6.2. Julgamentos envolvendo casos de desenhos industriais

Dificuldades são enfrentadas quando casos envolvendo direitos de propriedade industrial sobre desenhos industriais são submetidos à apreciação do Poder Judiciário. Como já destacado anteriormente, um direito de propriedade de tamanha importância, não poderia ser concedido sem exame de mérito quanto aos requisitos de novidade e originalidade. Tal problemática legal tem repercutido em dificuldades jurídicas a respeito do exercício efetivo de tais direitos, assim como no abuso da utilização do sistema de registro de desenhos industriais como forma de domínio ilegal do mercado com base em títulos de propriedade "frágeis", mas ao mesmo tempo impositivos.

Analisando-se os casos específicos julgados nos últimos anos, verificam-se alguns posicionamentos controvertidos, cumprindo destacar alguns julgados e suas repercussões teóricas.

Em caso relacionado a uma medida cautelar de busca e apreensão, envolvendo eventuais violação de marca, desenho industrial e atos de concorrência desleal, destacou a Des. Ângela Terezinha de Oliveira Brito[198] que:

---

[198] TJRS. 13ª Câmara Cível. AI nº 70009682238. Julgado em 25/11/2004.

Ademais, o registro de desenho industrial é concedido sem exame prévio quanto à novidade e originalidade. Por isso, se mostra importante a realização de uma busca prévia pelo interessado, haja vista que, após concessão, o titular poderá requerer, a qualquer tempo da vigência do registro de desenho industrial, o exame de mérito quanto à novidade e originalidade, sempre atentando que seu registro estará sujeito a uma possível nulidade, que o próprio INPI pedirá, se for encontrada alguma anterioridade.

[...]

No ponto, anoto que o agravante não comprova que o seu alegado *design* não se encontrava sob estado da técnica. E a questão se mostra relevante para o julgamento da causa, na medida em que o estado da técnica se caracteriza pelo domínio público sobre o modelo alegadamente exclusivo.

Ou seja, apesar da situação fática do caso concreto ser relacionada a uma pretensão de busca e apreensão sem a existência do registro de desenho industrial pelo autor, o posicionamento expresso demonstra uma nítida preocupação com a fragilidade do eventual exercício do direito na ausência de um título robusto de propriedade escorado em um exame de mérito.[199]

No entanto, a LPI NÃO exige o exame posterior de mérito (novidade e originalidade) para que se ingresse com demanda judicial com base na violação de direitos de registro de desenho industrial. Indo mais além, a LPI também possibilita a persecução criminal com base nesse título frágil de propriedade sem exame de mérito.[200]

Portanto, há dois problemas básicos que possuem origens diversas:

1) De direito material: existência de legislação que permite a obtenção do registro de propriedade sobre desenho industrial sem exa-

---

[199] Outro caso recente no qual é indeferido o pedido de tutela antecipada escorado em registro de desenho industrial é do Tribunal de Justiça do Estado do Paraná (18ª Câmara Cível – Rel. Des. Guido Dobeli – AI nº 0304637-9, julgado em 26/10/2005).

[200] Conforme se depreende do tipo penal estabelecido pelos arts. 187 e 188 da LPI, basta a existência do registro de desenho industrial e a verificação da conduta ilícita para autorizar a persecução criminal com todas as mazelas que a mesma pode ocasionar no cotidiano de um empresário ou cidadão:
Art. 187. Fabricar, sem autorização do titular, produto que incorpore desenho industrial registrado, ou imitação substancial que possa induzir em erro ou confusão.
Pena – detenção, de 3 (três) meses a 1 (um) ano, ou multa.
Art. 188. Comete crime contra registro de desenho industrial quem:
I – exporta, vende, expõe ou oferece à venda, tem em estoque, oculta ou recebe, para utilização com fins econômicos, objeto que incorpore ilicitamente desenho industrial registrado, ou imitação substancial que possa induzir em erro ou confusão; ou
II – importa produto que incorpore desenho industrial registrado no País, ou imitação substancial que possa induzir em erro ou confusão, para os fins previstos no inciso anterior, e que não tenha sido colocado no mercado externo diretamente pelo titular ou com seu consentimento.
Pena – detenção, de 1 (um) a 3 (três) meses, ou multa.

me prévio de mérito, outorgando amplos direitos para defesa da propriedade, inclusive a responsabilização criminal dos violadores desse direito.

2) De direito processual: eventual concessão de liminar a pedido de busca e apreensão ou de antecipação de tutela com base em registro de desenho industrial sem exame de mérito.

No primeiro caso, cumpre ao legislador alterar a LPI para que esse equívoco de constituição de direito de propriedade sem exame dos requisitos da novidade e originalidade seja sanado, pois não corresponde ao cumprimento balanceado do interesse social e desenvolvimento econômico e tecnológico do País.

No segundo caso, cumpre ao julgador estar atento para os requisitos processuais específicos para concessão de medidas de urgência, principalmente, nesse caso, quanto à real existência de um direito "sólido" a embasar a pretensão exposta no pedido. Isso quer dizer que, interpretando corretamente o sistema de proteção à propriedade de desenhos industriais frente à processualística vigente, é vedado a qualquer magistrado conceder uma liminar de busca e apreensão ou antecipatória baseada exclusivamente nesse direito sem que esteja comprovada uma das duas hipóteses pelo requerente da medida extrema: a) O registro de desenho industrial está acompanhado de resultado de exame de mérito requerido posteriormente à sua concessão,[201] ou b) O registro de desenho industrial está acompanhado de um relatório exaustivo de busca de anterioridades providenciado pelo seu titular que comprove inexistir nenhuma anterioridade que vicie a novidade e originalidade do título de propriedade expedido pelo INPI sem exame de mérito.

É evidente que a simples comprovação de uma das duas hipóteses acima não é o suficiente pra a concessão da medida extrema, pois os demais requisitos processuais exigidos, como, por exemplo, a prova da infração do direito, também deverão ser observados pelo requerente para a obtenção do provimento jurisdicional urgente.

Importante destacar a problemática prática gerada à sociedade com as eventuais concessões de liminares de busca e apreensão ou

---

[201] LPI: Art. 111. O titular do desenho industrial poderá requerer o exame do objeto do registro, a qualquer tempo da vigência, quanto aos aspectos de novidade e de originalidade.
Parágrafo único. O INPI emitirá parecer de mérito, que, se concluir pela ausência de pelo menos um dos requisitos definidos nos arts. 95 a 98, servirá de fundamento para instauração de ofício de processo de nulidade do registro.

antecipação de tutela baseadas em registro de desenho industrial sem exame de mérito.

Tais tutelas jurisdicionais podem vir a ser utilizadas de forma estratégica por concorrentes com maiores recursos econômicos com o simples objetivo de eliminar a concorrência e estabelecer um monopólio do mercado em relação a determinados desenhos industriais que já estariam no estado da técnica na época do registro.

Isso não quer dizer que o exame prévio de mérito resolve todos os problemas, pois é claro que mesmo com o exame de mérito feito previamente pelo INPI, é possível que o registro venha a ser anulado com base em anterioridades ou provas não consideradas pelo examinador de desenhos industriais do INPI. No entanto, o mínimo de segurança jurídica deve ser dado a um sistema atributivo de propriedade sobre desenhos industriais, sendo imperioso que o Estado realize este exame prévio como exigência clara da coerência do sistema adotado pelo Brasil.

Um exemplo claro de uso maléfico do sistema é o seguinte: Uma importante empresa X produz calçados detendo 20% de todo o mercado nacional, verificando que determinados modelos existentes no exterior vêm fazendo muito sucesso e a tendência é que tais modelos venham a ser adotados no Brasil, tem a brilhante idéia de registrar esses desenhos industriais internacionais em seu nome e, após os produtos serem divulgados no Brasil, começa a ingressar com ações específicas de busca e apreensão e inibitórias contra os seus concorrentes de menor porte. É evidente que tais concorrentes poderão (e deverão) tentar anular tais registros, mas terão que buscar provas de anterioridades no exterior e enfrentar um longo processo para, eventualmente, serem indenizados pelos prejuízos que sofreram.

Além disso, como se pressupõe a boa-fé do titular do registro, os prejudicados com esse uso abusivo do sistema terão dificuldades em provar a má-fé da empresa X, sendo que o cálculo feito pela empresa X quanto aos custos x benefícios de utilizar esse expediente acaba sendo positivo. Nesse simples exemplo se verifica como é importante para a sociedade que o sistema atributivo seja, obrigatoriamente, precedido de um exame de mérito, assim como se verifica que o Poder Judiciário deve estar igualmente atento na concessão de liminares, não se omitindo em conceder as ordens, mas ao mesmo tempo conhecendo a fundo o sistema para evitar o aval a formas abusivas de dominação de mercado.

Um exemplo claro na jurisprudência[202] é o caso envolvendo uma ação por suposta violação de registro de desenho industrial, na qual foi reconhecida a posterior nulidade do registro. A ré que sofreu prejuízos com tal ação buscou a condenação da autora como litigante de má-fé, sendo que o voto do relator deixou clara essa impossibilidade, afirmando que:

> A parte autora não pode ser penalizada por litigância de má-fé sob o argumento de que não desconhecia que os objetos dos registros eram de domínio público, estando viciados na origem, pois a autora requereu e obteve tais registros junto ao Instituto Nacional da Propriedade Industrial e quando propôs a presente demanda era detentora destes.

Ou seja, muitas vezes a falsa atribuição intencional de legalidade a determinados atos jurídicos é difícil de ser detectada, sendo fundamental a intervenção estatal com a atribuição de um mínimo de segurança jurídica para a sociedade que não pode ficar sempre a mercê de exercícios abusivos de um suposto direito de propriedade chancelado pelo Estado sem a mínima cautela prévia.

Outra questão a ser analisada na jurisprudência diz respeito à persecução criminal por violação de desenhos industriais. Nestes casos, ainda com maior razão, deve ser exigida a real comprovação da novidade e originalidade do desenho industrial a sustentar não apenas a busca e apreensão, mas, também, o recebimento da queixa.

Apesar das penas ainda serem brandas para esse tipo de crime e as correspondentes ações criminais não resultarem em expressivas condenações quando não cumuladas com outros crimes de "maior potencial ofensivo", importante destacar que o ônus de provar a existência de um título de propriedade "sólido" a embasar a persecução criminal deveria ser do autor da medida cautelar ou do querelante, sendo óbvio que, mesmo havendo exame de mérito ou relatório de busca de anterioridades a conferir solidez ao registro de desenho industrial, ao suposto autor do fato delituoso seria lícito contestar esse título de propriedade, justificando e comprovando algum vício relacionado à originalidade, novidade ou qualquer outro fato que pudesse comprometer a validade do registro que fundamenta a ação.[203]

---

[202] TJRS – 5ª Câmara Cível. Apelação Cível nº 70005818893. Rel. Des. Clarindo Favretto. Julgado em 02/10/2003.

[203] Um exemplo de outro fato que pode comprometer a validade do registro de desenho industrial está relacionado àquele desenho desenvolvido por ex-funcionário da empresa enquanto ainda era empregado, cujas funções eram relacionadas à criação e utilizava o horário e instalações da empresa para desenvolver o objeto. Caso esse funcionário tenha registrado o desenho industrial em nome próprio, além do vício possível do registro, em tese, caberia a própria adjudicação do mesmo pela empresa, além de indenização pelos eventuais danos causados pela persecução cível e/ou criminal intentada pelo ex-funcionário.

Apesar da jurisprudência criminal a respeito da violação de desenhos industriais ser escassa, cumpre destacar que algumas condenações por violação de desenhos industriais, muitas vezes combinadas com a condenação por atos de concorrência desleal, já têm sido verificadas posteriormente a LPI, sendo que os cuidados destacados anteriormente nem sempre estão presentes na instrução criminal.[204]

O fato que se quer destacar na atual forma de constituição e exercício de direitos sobre desenhos industriais é que a simples existência de possibilidade de um particular se defender alegando e intentando a nulidade de um registro de desenho industrial eventualmente concedido violando os requisitos da novidade e originalidade, inclusive com possibilidade de suspensão dos efeitos do registro, não liberta o Estado do dever de atribuir um mínimo de segurança jurídica e coerência quando o mesmo adota, através da LPI, o princípio da atributividade de direitos relacionados à propriedade de desenhos industriais no Brasil.

Ou seja, é incoerente, gera problemas práticos para o exercício de direitos e, principalmente, é contrário à preponderância harmônica das teorias utilitarista e do plano social, um sistema atributivo de direito de propriedade que se exima de verificação prévia dos requisitos, no caso dos desenhos industriais, da novidade e originalidade.

A análise jurisprudencial deixou clara essa problemática gerada pela existência de dispositivos contidos em legislação infraconstitucional que não estão em sintonia com o disposto no artigo 5º, XXIX, da CF/88, o qual é de uma clareza oceânica no que tange aos interesses a serem observados quando da proteção das criações industriais expressas através de desenhos industriais.

6.3. Julgamentos envolvendo casos de marcas

Interessante caso julgado recentemente pelo STJ envolve o uso indevido da marca "CREDCHEQUE"[205] pelo Banco do Brasil S/A. É

---

[204] Nesse sentido, interessante analisar, entre outras decisões, dois acórdãos da Primeira Câmara Criminal do TJMG de relatoria do Des. Gudesteu Biber (Processo nº 1.0000.00.128635-0/000(1) e 1.0000.00.128635-0/000(2)), publicados, respectivamente, em 01/06/1999 e 17/08/2001), onde houve o recebimento da queixa e posterior condenação dos querelados nas tipificações dos arts. 187 e 195, III, da lei nº 9.279/96, c/c os arts. 29 e 69, ambos do código penal, aplicando, a cada um deles, a pena de seis (06) meses de detenção, em regime aberto.
[205] STJ – Recurso Especial nº 333.105 – RJ (2001/0060822-5), Relator Min. Barros Monteiro.

interessante porque traz, ao mesmo tempo, a relação das marcas com o direito antitruste, os limites de proteção da marca registrada e a licitude na sua utilização, além de fazer referência expressa ao cunho "programático" do inciso XXIX do art. 5º da Carta Magna de 1988.

O objetivo não é concluir pelo acerto ou erro do julgado, mas sim estudá-lo frente às teorias de propriedade industrial abordadas, sendo que, para tanto, não cabe a análise das circunstâncias fáticas envolvendo a questão da possibilidade ou não da autora ter permissão para prestar serviços financeiros, o que forma um dos embasamentos do voto do Relator para dar provimento ao Recurso Especial interposto pelo Banco do Brasil, reformando o acórdão do TJRJ que julgava procedente a demanda.

Conforme dissertado anteriormente, a redação do inciso XXIX do art. 5º da CF/88 prevê o direito sobre marcas como o único direito de propriedade constitucionalmente reconhecido.[206]

Em tese pode-se afirmar que a marca "CREDCHEQUE" trata-se da composição criativa das palavras comuns "crédito" e "cheque", compondo a marca "CREDCHEQUE". Salta aos olhos a distintividade e a possibilidade de apropriação deste sinal distintivo como direito de propriedade de marca como um todo. É evidente que o termo "CHEQUE" isoladamente é comum e inapropriável, mas a sua junção com outro termo comum formou uma expressão nova e não conhecida no vernáculo, tendo sido regulamente concedido o registro pelo INPI para o ramo de atividade pleiteado.

O voto do Relator asseverou que: "Não fora isso, a palavra "cheque", a par de consubstanciar sinal de caráter genérico, apresenta relação com o produto ou serviço a distinguir, incorrendo, assim, a marca das autoras na vedação prevista no art. 124, inciso VI, da Lei nº 9.279/96".

---

[206] A leitura calma e atenta à pontuação estabelecida pelo legislador constitucional deixa claro que a única espécie de direitos de propriedade industrial alçada constitucionalmente à direito de "propriedade" é o direito sobre as marcas. É claro que os demais direitos relacionados na Lei da Propriedade Industrial 9.279/96 também são alçados à condição de direitos de propriedade industrial, mas em decorrência de dispositivo infraconstitucional e não constitucional. Por isso que entende-se, atualmente, que o nome empresarial não é alçado à condição de direito de propriedade nem constitucional e nem infraconstitucionalmente, pois as antigas previsões da Convenção da União de Paris, que englobavam o nome comercial como direito de propriedade industrial, são incompatíveis, neste ponto, com o novo Código Civil de 2002 e com a própria Lei 9.279/96 que não eleva os direitos sobre o até recentemente denominado "nome comercial" (atualmente denominado "nome empresarial") à um direito de propriedade.

Ora, a preponderância das teorias utilitarista e do plano social são corretamente expressas na Lei nº 9.279/96 no específico caso do inciso VI do art. 124, citado no voto do Relator e que assim dispõe:

> Art. 124 – Não são registráveis como marca:
> (...)
> VI – sinal de caráter genérico, necessário, comum, vulgar ou simplesmente descritivo, quando tiver relação com o produto ou serviço a distinguir, ou aquele empregado comumente para designar uma característica do produto ou serviço, quanto à natureza, nacionalidade, peso, valor, qualidade e época de produção ou de prestação do serviço, salvo quando revestidos de suficiente forma distintiva;

Mas, parece que a marca registrada "CREDCHEQUE" não está inserida nas proibições do inciso VI acima reproduzido, de modo a ser perfeitamente apropriável, como de fato o foi pela autora através da concessão do registro validamente expedido pelo INPI. É claro que, por se tratar de marca composta por elementos que, isoladamente, são considerados genéricos, necessários, comuns, vulgares ou simplesmente descritivos para a atividade pleiteada, o âmbito de proteção desta marca está limitado justamente à composição que a mesma é apresentada.

Ou seja, não seria lícito à autora impedir que a ré utilizasse, por exemplo, a marca "cheque de crédito", "checred" ou "chequito". No entanto, utilizar como argumento o disposto no inciso VI do artigo 124 transcrito no caso da marca "CREDCHEQUE" não expressa a exegese constitucional deste dispositivo infraconstitucional.

Outra questão sobressai do voto do Relator, conforme abaixo transcrito:

> Tampouco há falar em incidência, na hipótese vertente, do verbete sumular n. 126 desta Casa. A decisão impugnada faz alusão – é certo – a dispositivos constitucionais (arts. 5º, XXIX; 173, §§ 4º e 5º, da Carta Magna). Porém, não decidiu com base nessas normas constitucionais, regras nitidamente programadoras de leis infraconstitucionais a serem editadas. A jurisprudência pacífica da Suprema Corte, há anos, orienta-se no sentido de que o recurso extraordinário somente cabe quando se tratar de contrariedade direta e frontal a texto da Lei Maior. No caso, ressai à evidência que o julgado recorrido decidiu com base na legislação infraconstitucional (Leis 9.279, de 14/5/96, e 8.884, de 11/6/1994).

No que tange ao cunho alegadamente "programático" do inciso XXIX do art. 5º da CF/88, cumpre salientar que esta visão limitadora está em conflito com a visão atual e com a própria previsão constitucional de eficácia imediata das normas definidoras dos direitos e garantias individuais.

Se a norma infraconstitucional de propriedade industrial interpretada no caso concreto não se coaduna com o interesse social, desenvolvimento econômico e tecnológico do País, existe a possibilidade de estar presente a violação direta (e não por via reflexa) do inciso XXIX do art. 5º da CF/88, possibilitando o acesso à instância excepcional do Supremo Tribunal Federal (STF).

Interessante é a análise do caso frente à existência ou não de abuso do poder econômico e a sua conseqüente relação com o direito antitruste. Deve-se frisar que cada vez mais a interpretação integrativa das legislações infraconstitucionais e dos princípios constitucionais aparentemente conflitantes deve ser estimulada, tendo em vista que a hermenêutica exige tal visão aberta e integradora, afastando os conflitos aparentes.

O direito constitucional sobre determinada marca conflita com o direito constitucional à livre iniciativa? Não, por óbvio que não, apenas o abuso ao direito à livre iniciativa que fere o direito constitucional à propriedade de marca, assim como apenas o abuso do direito constitucional de propriedade sobre a marca é que fere o direito constitucional à livre iniciativa.

Nesse sentido, a interpretação do princípio da especialidade ou especificidade das marcas deve ser feita não levando em consideração apenas ramos de atividade idênticos, mas sim a possibilidade de confusão com ramos de atividade afins examinados no caso concreto.

Isso quer dizer que o espectro de proteção à propriedade de determinada marca registrada vai além dos estritos limites da especificação atribuída no Certificado de Registro. Por exemplo, uma marca registrada para identificar um determinado programa de computador vendido em lojas pertence à classe 09 da Classificação Internacional de Nice 8ª ed. enquanto que os serviços de desenvolvimento de programas de computador pertencem à classe de serviços 42 da mesma classificação. Neste caso, o titular da marca para programas de computador (classe 09), mesmo não tendo registro da mesma marca na classe 42, pode impedir o registro de marca igual por terceiros nesta classe 42 por estar clara a afinidade existente entre o produto programa de computador e os serviços de desenvolvimento de programas de computador, havendo possibilidade de confusão ou associação indevida perante o público consumidor.[207]

Como exemplo de decisão jurisprudencial cita-se o julgamento do TJSC,[208] cujo embasamento é equivocado (não se afirma que o resultado seja equivocado, pois tal implicaria em aprofundamento das circunstâncias fáticas) e outorga proteção à marca limitada à classe de atividade:

> APELAÇÃO CÍVEL – INDENIZAÇÃO POR DANOS MATERIAIS E MORAIS – VIOLAÇÃO DE MARCA E CONCORRÊNCIA DESLEAL – INOCORRÊNCIA – *MARCA REGISTRADA EM CLASSE DIVERSA DAQUELA DITA VIOLADORA* – PRODUTOS COM ELEMENTOS SEMELHANTES, PORÉM QUE NÃO SE CONFUNDEM – LOGOTIPOS DISTINTOS – IMPOSSIBILIDADE DE CONFUSÃO DE MARCAS PELO HOMEM MÉDIO – AÇÃO IMPROCEDENTE – SENTENÇA MANTIDA.
> A proteção da marca se restringe à classe a que pertence. O INPI classifica as diversas atividades econômicas de indústria, comércio e serviços, agrupando-as segundo o critério da afinidade. O titular do registro de uma marca terá direito à sua exploração exclusiva nos limites fixados por esta classificação. Não poderá, por conseguinte, opor-se à utilização de marca idêntica ou semelhante por outro empresário em atividade enquadrada fora da classe em que obteve o registro (Fábio Ulhoa Coelho. *Manual de Direito Comercial*, 9. ed. Rio de Janeiro, Saraiva, 1997, p. 79). Recurso desprovido.

Com efeito, deve-se destacar as observações de Letícia Provedel[209] a respeito dos benefícios individuais e coletivos da proteção adequada da marca no mercado de consumo:

> Obviamente, uma marca inconsistente e incapaz de fazer com que os consumidores a relacionem com suas experiências passadas, não agregará suficiente valor que justifique os dispêndios de sua promoção e manutenção. O resultado disso é que uma empresa que detenha uma marca valiosa relutará em baixar a qualidade dos produtos ou serviços a ela relacionados, sob pena de caírem por terra seus investimentos naquele bem.
> Assim, os benefícios econômicos auferidos pressupõem uma forte proteção marcária, já que o custo de reprodução das marcas alheias é mínimo e irrelevante

---

[207] Apesar de algumas decisões equivocadas dos Tribunais relacionarem o âmbito de proteção da marca à classe de atividade para a qual a marca foi registrada, a melhor jurisprudência se orienta no sentido de reconhecer a extensão da proteção da marca em decorrência do ramo de atividade e da possibilidade ou não de existir confusão, dúvida, erro ou associação indevida entre a marca registrada e outra eventual marca sob análise. Exemplo de decisão que corretamente interpreta a proteção à marca é o julgamento da apelação em mandado de segurança n° 2000.02.01.061412-2, da 1ª Turma Especializada do TRF da 2ª Região, de relatoria da Des. Federal Márcia Helena Nunes, publicado no DJU de 05.09.2005.

[208] APC 2000.008388-7, TJSC, Relator Des. Mazoni Ferreira, 15/05/2003.

[209] PROVEDEL, Letícia. Propriedade intelectual e influência de mercado. São Paulo: *Revista da ABPI* n. 79, nov./dez. de 2005, p. 7.

se comparado ao grande incentivo daqueles que, na ausência de leis de proteção, poderiam desfrutar do prestígio angariado pelas marcas líderes de mercado através dos constantes dispêndios financeiros de suas titulares. Na ausência de proteção, a infração marcaria tende a destruir a capacidade de comunicação da marca com o consumidor, minando sua função precípua, isto é, servir de canal de informação ao consumidor sobre a qualidade de determinado produto, eliminando qualquer incentivo que se desenvolva e se invista nas marcas e na qualidade dos produtos que chegarão ao consumidor.

Toda essa explicação para chegar a ponto de que a marca, como direito de propriedade constitucionalmente assegurado, para cumprir as suas finalidades de atendimento simultâneo dos interesses sociais e desenvolvimento econômico (observância da preponderância harmônica das teorias utilitarista e do plano social), deve possuir uma proteção que evite a perda de sua distintividade e que evite uma associação indevida com outros sinais distintivos.

No caso sob análise, entendeu o STJ, através do voto do Relator, que:

> Entretanto, bem de ver inexistir no caso em exame identidade, semelhança ou afinidade de produtos ou serviços, suscetível de causar confusão ou associação entre as marcas em foco. O próprio acórdão recorrido dá mostra cabal de que materialmente os produtos e serviços prestados pelas autoras, de um lado, e pelo co-réu, de outro, são distintos. Enquanto o "Credcheque" se refere a uma modalidade de adiantamento salarial, vinculado à folha de pagamento de assalariados ou aposentados (na dicção das autoras, "é o cheque pré-datado do assalariado e do pequeno comerciante, industrial ou produtor rural, onde o vendedor de serviços ou mercadorias recebe-os e desconta na rede bancária" (fls. 168-69)), o "BB Credicheque" constitui uma abertura de linha de crédito a clientes, utilizando o cheque como garantia de pagamento.
> Mas, além disso, há de se considerar, nesse ponto, o campo de atuação e a natureza das pessoas jurídicas prestadoras dos produtos ou serviços em questão. O "Banco do Brasil S/A" notoriamente é uma instituição financeira, devidamente cadastrada no "Banco Central do Brasil", por este autorizada a funcionar. Já as autoras, "Credcheque Serviços Bancários S/C Ltda." e "Credcheque Administradora de Cartões de Crédito S/C Ltda.", não são instituições financeiras reconhecidas como tal pelo Banco Central do Brasil. Como as próprias denominações sociais estão a demonstrar, constituem apenas uma sociedade civil por cotas de responsabilidade limitada. Vale dizer, as ora recorridas não podem legitimamente atuar como integrantes do Sistema Financeiro Nacional. Consoante o art. 17 da Lei n. 4.595, de 1964, consideram-se instituições financeiras as pessoas jurídicas públicas ou privadas que tenham como atividade principal ou acessória a coleta, intermediação ou aplicação de recursos financeiros próprios ou de terceiros, em moeda nacional ou estrangeira, e a custódia de valor de propriedade de terceiros. Somente poderão exercer atividades as instituições

financeiras autorizadas pelo "Banco Central do Brasil" (art. 18 do mencionado diploma legal). Saliente-se que as empresas administradoras de cartões de crédito são tidas por instituições financeiras (Súmula n. 283-STJ) e, bem por isso, necessitam de credenciamento do "Banco Central do Brasil" para atuar no mercado financeiro (cfr. REsp n. 450.453-RS), cadastramento ou autorização de que a co-autora "Credcheque Administradora de Cartões de Crédito não dispõe.

O princípio da especialidade ou da especificidade é amplamente acolhido pela jurisprudência deste Tribunal. Quando do julgamento do REsp n. 471.546-SP, relator Ministro Ruy Rosado de Aguiar, esta Turma assentou que "atividades o princípio da especialidade assegura a proteção da marca apenas no âmbito das do registro". Confira-se a respeito os seguintes REsps: ns. 142.954-SP, 198.609-ES e 212.902-SC, de minha relatoria; 550.092-SP, relator Ministro Fernando Gonçalves; 555.086-RJ, relator Ministro Jorge Scartezzini, dentre outros.

Em suma, não há, na hipótese vertente, possibilidade de confusão entre os produtos ou serviços referidos.

Analisando as assertivas expostas, ficam alguns questionamentos que devem ter pairado (ou não) pelas mentes dos Ministros do STJ nesse julgamento:

Será que realmente não há afinidade entre os serviços prestados pela autora através de sua marca registrada e aqueles prestados pela ré? A autora desenvolveu todo um planejamento de negócio, investimento na marca e atividades comerciais para consolidar a sua marca "CREDCHEQUE" como uma oferta diferencial às instituições financeiras (pois ela própria não é erigida à condição de instituição financeira), sendo que não caberia à ré solicitar uma autorização da autora? Será que a autora não terá prejudicado o SEU negócio em vista da utilização da marca "BB CREDICHEQUE" pela ré?

A todas essas perguntas o STJ deu uma resposta negativa, reformando o acórdão do TJRJ que assim havia se manifestado:

USO INDEVIDO DE MARCA. ABUSO DE PODER ECONÔMICO. AÇAMBARCAMENTO DE EXPLORAÇÃO DE DIREITO DE PROPRIEDADE INTELECTUAL. REPARAÇÃO DE DANOS.

1. A Constituição Federal de 1988 assegurou, no inciso XXIX, do art. 5º, ao autor de inventos industriais, privilégios temporários para sua utilização, bem como proteção às criações industriais, à propriedade das marcas, aos nomes das empresas e a outros signos distintivos, tendo em vista o interesse social e o desenvolvimento tecnológico e econômico do país.

2. Em seguida, no art. 173, traçou norma diretriz da repressão ao abuso do poder econômico, que vise a dominação dos mercados e a eliminação da concorrência, com aumento arbitrário de lucros, autorizando que leis ordinárias estabeleçam a responsabilidade da pessoa jurídica – sem prejuízo da responsabilidade indi-

vidual dos seus dirigentes –, sujeitando-a às punições compatíveis com sua natureza, nos atos praticados contra a ordem econômica e financeira.

3. De acordo com o art. 20, da Lei n. 8.884/94 constituem infração da ordem econômica, independentemente de culpa, os atos sob qualquer forma manifestados, que tenham por objeto ou possam criar dificuldades à constituição, ao funcionamento ou ao desenvolvimento de empresa concorrente.

4. Constitui, ainda, infração à ordem econômica, nos termos dos incisos I e XVI do supracitado texto legal, a limitação à livre iniciativa e o açambarcamento de propriedade industrial, tecnológico ou intelectual.

5. O art. 129, do Código de Propriedade Industrial garante, em todo o território nacional, a propriedade e o uso exclusivo da marca registrada.

6. Marca é o sinal distintivo de produto, mercadoria ou serviço.

7. A tutela protetora da marca visa, em primeiro lugar, proteger o investimento do empresário e, em segundo lugar, visa garantir ao consumidor a capacidade de distinguir o bom do mau produto.

8. A Lei de Patentes veda, no art. 124, a reprodução ou imitação, no todo ou em parte, ainda que com acréscimo, de marca alheia registrada para distinguir ou certificar produto ou serviço idêntico, semelhante ou afim, suscetível de causar confusão ou associação com marca alheia.

9. Rompido o equilíbrio jurídico-econômico, com a indevida utilização de marca registrada, surge o dever de reparar os prejuízos causados. (fls. 811/812).

Parece que o acórdão do TJRJ sopesou de maneira equilibrada e constitucionalmente coerente os princípios envolvidos no caso concreto, trazendo para o seio da ementa transcrita a melhor interpretação e aplicação da preponderância das teorias utilitarista e do plano social.

Fica apenas uma pergunta quanto ao item 7 da ementa do acórdão do TJRJ: Será que realmente a tutela protetora da marca visa, em primeiro lugar, proteger o investimento do empresário? Ou será que hierarquizar aquilo que a Constituição Federal de 1988 não hierarquiza poderia corresponder a um equívoco hermenêutico, de modo que a melhor resposta seria que a tutela protetora visa uma harmonia entre a proteção dos interesses do empresário em prol do desenvolvimento econômico e dos interesses do consumidor em prol dos interesses sociais?

Portanto, o objetivo final das análises pontuais de alguns casos envolvendo o julgamento de direitos sobre marcas, patentes e desenhos industriais foi o de demonstrar os acertos e desvios exegéticos quando da aplicação da Lei aos casos concretos, levando em consideração, principalmente, o que se entende por preponderância constitucional harmônica das teorias utilitarista e do plano social.

7. Considerações finais

A opção constitucional brasileira expressa no art. 5º, inciso XXIX, deixa clara a preponderância harmônica das teorias utilitarista e do plano social em relação às teorias da personalidade e do trabalho no que se refere às bases do direito de propriedade industrial.

Andou bem o constituinte originário ao estabelecer esta harmonia vinculativa, aberta e de aplicação direta e imediata no que tange à edição de legislação ordinária e à interpretação dos casos concretos na área da propriedade industrial. Vinculativa porque nenhuma legislação ordinária de propriedade industrial pode ser aprovada sem que observe essa preponderância harmônica das teorias utilitarista e do plano social. Aberta porque a norma constitucional não delimita desnecessariamente como esses vetores axiológicos do interesse social e desenvolvimento econômico e tecnológico do País deverão ser observados. Desta forma, a Constituição permanece atual e imune às intempéries do tempo, ficando receptiva à análise hermenêutica das situações concretas.

De aplicação direta e imediata porque assim é que expressamente dispõe o § 1º do art. 5º da CF/88, não havendo mais como se falar em norma "programática" sem conflitar com o disposto no próprio § 1º.

Portanto, os acordos semânticos feitos no decorrer do presente trabalho levam a crer que essa visão da preponderância harmônica constitucional das teorias utilitarista e do plano social representa a melhor interpretação possível do que o povo deseja para o povo. Isso não quer dizer ausência das teorias do trabalho e da personalidade, sendo que a teoria do trabalho está presente no dispositivo ventilado no momento em que se vincula, por exemplo, qualquer legislação ordinária como asseguradoras dos direitos temporários do autor de uma invenção aos frutos do seu trabalho.

Assim como a teoria da personalidade também é visualizada no tratamento constitucional ao prever, por exemplo, direitos ao autor do invento e não ao titular, depositante ou requerente de determinada patente, valorando e reconhecendo a ligação entre criador e criação.

Com efeito, a preponderância harmônica das teorias utilitarista e do plano social ditada pela Carta Política Brasileira no âmbito da propriedade industrial não significa a inexistência de incidência das teorias do trabalho e da personalidade, mas sim que tais teorias incidem em menor projeção, pois somente existem enquanto houver o interesse social e enquanto atendem ao desenvolvimento econômico e tecnológico do País.

Não se pode negar ao inventor o seu direito de ser identificado como tal em um pedido de patente, assim como não se pode negar ao autor de um desenho industrial o mesmo direito de ser identificado no pedido de registro.

Ou seja, não há absolutismos, pois não se defende um sistema eminentemente utilitarista da propriedade industrial, no qual o desenvolvimento econômico e tecnológico seja privilegiado, assim como não se defende um sistema eminentemente voltado para o atendimento e melhoramento exclusivo da área social.

O interessante na real aplicação desta preponderância harmônica é que a teoria utilitarista, apesar de visar um desenvolvimento mais ligado à economia e tecnologia, pressupondo que tal desenvolvimento atende aos interesses sociais, é também capaz de trazer benefícios sociais puros.

Por outro lado, a teoria do plano social, apesar de aparentar um paternalismo exacerbado e de possuir uma pretensão muitas vezes utópica de definir qual seria o futuro ideal para a sociedade como um todo, também é capaz de trazer benefícios utilitaristas na busca de um desenvolvimento econômico e tecnológico do País.

Se o mandamento constitucional específico (art. 5º, XXIX) vincula a proteção da propriedade industrial ao interesse social e desenvolvimento econômico e tecnológico do País, há sentido em justificar, de forma preponderante, o direito sobre determinada marca, patente ou desenho industrial por serem resultantes dos frutos do trabalho do seu criador?

A resposta alcançada através deste trabalho é no sentido de que, apesar de parecer injusto o não reconhecimento da teoria do trabalho como pilar fundamental do sistema de propriedade industrial, a visão e objetivos do constituinte originário vão além da justiça individual, buscando o bem-estar e o alcance da coletividade, uma justiça que vai além das barreiras da pessoa considerada individualmente.

Apesar de não ser objeto deste estudo, verificou-se a existência de centelhas de que as respostas encontradas para a propriedade industrial não podem ser aplicadas ao que o legislador constituinte originário traçou para a proteção dos direitos autorais, tendo em vista que no caso destes últimos não há cláusula constitucional vinculativa expressa do cumprimento simultâneo do interesse social e desenvolvimento econômico e tecnológico do País, levando a crer que o balanceamento na interpretação da preponderância das quatro teorias estudadas seja diferente do que aquele alcançado em relação às marcas, patentes e desenhos industriais objeto do presente estudo.

No entanto, tal constatação aparente em relação aos direitos autorais deve ser objeto de estudo específico para a sua comprovação ou rejeição, ficando essa lacuna em aberto para futuras pesquisas.

Dessa forma, apesar de riscos de incompreensão quanto à terminologia empregada, se poderia nomear essa preponderância harmônica das teorias utilitarista e do plano social na realidade constitucional brasileira relacionada aos direitos de propriedade industrial de teoria da preponderância harmônica do útil-social.

Entende-se que essa teoria expressa o que o mandamento constitucional impõe ao estabelecer a condicionante do interesse social e do desenvolvimento econômico e tecnológico do País, pois não absolutiza a aplicação de uma ou duas das teorias estudadas, mas sim, visualizando o sistema como um todo, reconhecendo a sua abertura e a diversidade de essência nas espécies que formam os direitos de propriedade industrial, permite uma comunicação e incidência, em maior ou menor grau, das quatro principais teorias estudadas, com destaque para as teorias utilitarista e do plano social, pois todo o sistema de propriedade industrial somente existe e é reconhecido pela Carta Magna de 1988 como válido em nosso País enquanto atende à preponderância harmônica do útil-social.

8. Referências bibliográficas

AARNIO, Aulis. Sobre la justificación de las decisiones jurídicas – La tesis de la única respuesta correcta y el principio regulativo del razonamiento jurídico. (trad. de Josep Aguiló Regla), Alicante, Biblioteca Virtual de Miguel de Cervantes, 2001.

ADOLFO, Luiz Gonzaga Silva e WACHOWICZ, Marcos (Coords.). *Direito da Propriedade Intelectual – estudos em homenagem ao Pe. Bruno Jorge Hammes*. Curitiba: Juruá, 2006.

ALEXY, Robert. *Teoria da argumentação jurídica*. São Paulo: Landy, 2005.

ALVES, Marcelo. O lugar do Direito na Política. In: *Direito e política*. SANTOS, Rogério Dutra dos (org.). Porto Alegre: Síntese, 2004.

ANHUCI, Anali de Oliveira. Registro de desenho industrial e a antecipação de tutela. *Revista da ABPI*, nº 47, jul./ago. 2000.

ASOCIACIÓN INTERAMERICANA DE LA PROPIEDAD INDUSTRIAL. *Derechos intelectuales*. Buenos Aires/Argentina: Astrea, 2001.

BARBOSA, Denis Borges. *Uma introdução à propriedade intelectual*. 2. ed. São Paulo: Lúmen Júris, 2003.

BARBOSA, Denis Borges. *Bases constitucionais da propriedade intelectual*. Disponível em http://denisbarbosa.addr.com/trabalhospi.htm. Acessado em julho de 2005.

BARCELLOS, Milton Lucídio Leão. *O sistema internacional de patentes*. São Paulo: Iob/Thomson, 2004.

BARROS, Carla Eugênia Caldas. *Aperfeiçoamento e dependência em patentes*. Rio de Janeiro: Lúmen Júris, 2004.

BARROS, Suzana de Toledo. *O princípio da proporcionalidade e o controle de constitucionalidade das leis restritivas de direitos fundamentais*. Brasília: Brasília Jurídica, 1996.

BARROSO, Luís Roberto. *Interpretação e aplicação da Constituição*. 4. ed. São Paulo: Saraiva, 2001.

BASSO, Maristela. *O direito internacional da propriedade intelectual*. Porto Alegre: Livraria do Advogado, 2000.

———. *Propriedade intelectual na era pós-OMC*. Porto Alegre: Livraria do Advogado, 2005.

BASTOS, Celso Ribeiro. *Curso de Direito Constitucional*. São Paulo: Saraiva, 2000.

BECKER, Lawrence. Deserving to Own Intellectual Property. *Chicago-Kent Law Review*, n. 68, 1993.

BERTRAND, André. *A proteção jurídica dos programas de computador*. Porto Alegre: Livraria do Advogado, 1996.

BOBBIO, N. *Estudos sobre Hegel. Direito, sociedade civil, estado*. São Paulo: Brasiliense/UNESP, 1991.

BRUGGER, Walter. Dicionário de Filosofia. Traduzido por Antônio Pinto de Carvalho. São Paulo: Ed. Herder, 1962. Versão portuguesa da 6ª edição do Philosophisches Wörterbuch, publicado em 1957 por Verlag Herder & Co., Freiburg im Breisgau (Alemanha).

CADEMARTORI, Luiz Henrique Urquhart. As relações entre direito, moral e política sob as perspectivas procedimental-comunicativa e sistêmica: As visões de Habermas e Luhmann in Direito e Política. Porto Alegre:Síntese, 2004, p. 183.

CASTILHO, Ela Wiecko Volkmer de. Patentes de produtos de origem biológica. In: *Política de patentes em saúde humana*. São Paulo: Atlas, 2001.

CERQUEIRA, João da Gama. *Tratado da Propriedade Industrial*. 2. ed. São Paulo: Revista dos Tribunais, 1982.

CHINEN, Akira. *Know-How e Propriedade Industrial*. São Paulo: Oliveira Mendes, 1997.

CORIAT, Benjamin. The New Global Intellectual Property Rights Regime and Its Imperial Dimension – Implications for "North-South" Relations. Artigo preparado para o Seminário de 50 anos de aniversário do BNDS, Rio de Janeiro, Brasil, setembro de 2002.

COSTA, Judith Martins. A *reconstrução do direito privado*. São Paulo: Revista dos Tribunais, 2002.

CUNHA, Frederico Carlos da. *A proteção legal do design*. Rio de Janeiro: Lucerna, 2003.

DANNEMANN, SIEMSEN, BIGLER & IPANEMA MOREIRA. *Comentários à lei da propriedade industrial e correlatos*. Rio de Janeiro: Renovar, 2001.

DI BLASI, Gabriel, GARCIA, Mário S., MENDES, Paulo Parente. *A Propriedade Industrial*. Rio de Janeiro: Forense, 1997.

DIREITO, Carlos Alberto Menezes. A disciplina constitucional da propriedade industrial. *Revista de Direito Administrativo*, n. 185, p. 19-25, jul./set. 1991.

DOMINGUES, Douglas Gabriel. *Direito industrial*: patentes. Rio de Janeiro: Forense, 1980.

FISHER, William. Theories of Intellectual Property. In: MUNZER, Stephen (Ed.). *New essays in the legal and Political Theory of Property*. Cambridge University Press, 2001.

FREITAS, Juarez. *A interpretação sistemática do direito*. 4. ed. São Paulo: Malheiros, 2004a.

———. *O controle dos atos administrativos e os princípios fundamentais*. 3. ed. São Paulo: Malheiros, 2004b.

FURTADO, Lucas Rocha. *Sistema de propriedade industrial no direito brasileiro*. São Paulo: Brasília Jurídica, 1996.

GANDELMAN, Henrique. *De Gutemberg à internet*: direitos autorais na era digital. 4ed. Rio de Janeiro: Record, 2001.

GNOCCHI, Alexandre. *A propriedade industrial e o ideal Pan-Americano*. São Paulo: Internacional Propriedade Industrial, 1961.

HAMMES, Bruno Jorge. Software e sua proteção jurídica. São Leopoldo: Unisinos. *Estudos Jurídicos*, n. v. 24, n. 63, jan./abr., 1992.

———. *O direito da propriedade intelectual – subsídios para o ensino*. 2. ed. São Leopoldo: Editora Unisinos, 1998.

HART, H.L. A. *The concept of law*. 2. ed. Oxford University Press, 1994.

HÖFFE, Otfried. *Justiça política fundamentação de uma filosofia crítica do direito e do Estado*. (Trad. por Ernildo Stein). São Paulo: Martins Fortes, 2001. .

HUGHES, Justin. The Philosophy of Intellectual Property. Georgetown University Law Center and Georgetown Law Journal, 77 Geo. L.J. 287, december de 1988.

JAFFE, Adam B. e LERNER, Josh. *Innovation and its discountents – How our broken patent system is endangering innovation and progress, and what to do about it*. Princeton, Princeton University Press, 2004.

LABRUNIE, Jacques. *Direito de patentes: condições legais de obtenção e nulidades*. Barueri, SP: Manole, 2006.

LANDES, William e POSNER, Richard. *The economic Structure of intellectual property law*. The Belknap Press of Harvard University Press, Cambridge, Massachussetts, and London, England, 2003.

LEHMAN, Bruce A. Intellectual Property and Compulsory Licensing: Pharmaceuticals and the Developing World. Artigo apresentado na 12ª Conferência Anual sobre Direito e Política da Propriedade Intelectual Internacional, Abril de 2004, Nova Iorque, Estados Unidos da América. Disponível em http://www.consor.com/editor/docs. Acesso em julho de 2005.

LOBATO, Monteiro. *História das invenções*. 10. ed. São Paulo: Brasiliense, 1959.

MENELL, Peter. *Intellectual property*: general theories, Encyclopedia of Law & Economics, 2000.

MIRANDA, Pontes de. *Tratado de Direito Privado*. 2. ed. Rio de Janeiro: Borsoi (ed.) 1956. Parte Especial. Tomo XVII.

MORAES, Alexandre de. *Constituição do Brasil interpretada e legislação constitucional*. São Paulo: Atlas, 2002.

MORO, Maitê Cecília Fabbri. *Direito de marcas – abordagem das marcas notórias na Lei 9.279/1996 e nos acordos internacionais*. São Paulo: Revista dos Tribunais, 2003.

NAZO, Georgette N. *A tutela jurídica do direito do autor*. São Paulo: Saraiva, 1991.

NERFIN, Marc. Neither Prince nor Merchant: Citizen – An Introduction to the Third System (IFDA Dossier nº 56, p. 3-29 (reproduzido em Development Dialogue), 1987, nº 1.

NOZICK, Robert. *Anarchy, state and utopia*. Totowa, NJ, Rowman and Littlefield, 1984.

OLIVEIRA, Maurício Lopes de. *Propriedade industrial – o âmbito de proteção à marca registrada*. Rio de Janeiro: Lúmen Júris, 2000.

PAES, Paulo Roberto Tavares. *Propriedade Industrial*. São Paulo: Saraiva, 1982.

PALMER, Tom G. Are patents and copyrights morally justified? The philosophy of property rights and ideal objects. *Harvard Journal of Law and Public Policy*, v. 13, n. 3, verão de 1990.

PERELMAN, Chaïm. *Ética e direito*. São Paulo: Martins Fontes, 1996.

PIERANGELI, José Henrique. *Crimes contra a propriedade industrial e crimes de concorrência desleal*. São Paulo: Revista dos Tribunais, 2003.

PIMENTA, Eduardo S. *Dos crimes contra a propriedade intelectual*. São Paulo: Revista dos Tribunais, 1994.

———. *Código de direitos autorais ante aos tribunais e acordos internacionais*. São Paulo: Lejus, 1998.

POSNER, Richard A. e LANDES, William M. *The economic structure of intellectual property law*. Londres, The Belknap Press of Harvard University Press, 2003.

PROVEDEL, Letícia. Propriedade intelectual e influência de mercado. São Paulo, *Revista da ABPI*, n. 79, nov./dez. 2005.

RAWLS, John. *Uma teoria da justiça*. São Paulo: Martins Fontes, 2002.

REALE, Miguel. *Lições preliminares de direito*. 14. ed. São Paulo: Saraiva, 1987.

SARLET, Ingo Wolfgang. *A Constituição concretizada*. Porto Alegre: Livraria dos Advogados, 2000.

———. *A eficácia dos direitos fundamentais*. 3. ed. Porto Alegre: Livraria do Advogado, 2003a.

———. *Constituição, direitos fundamentais e direito privado*. Porto Alegre: Livraria do Advogado, 2003b.

SHAPIRO, Carl. *Antitrust limits to patent settlements*. University of California, Berkeley – Economic Analysis & Policy Group, 2001.

SHIVA, Vandana. *Biopirataria a pilhagem da natureza e do conhecimento*. Petrópolis-RJ: Vozes, 2001.

SILVEIRA, Newton. *A propriedade intelectual e as novas leis autorais*. São Paulo: Saraiva, 1998.

SOARES, José Carlos Tinoco. *Tratado da propriedade industrial – patentes e seus sucedâneos*. São Paulo: Jurídica Brasileira, 1998.

———. *Marcas vs. nome comercial – conflitos*. São Paulo: Jurídica Brasileira, 2000.

———. *Tratado da propriedade industrial – marcas e congêneres*. São Paulo: Jurídica Brasileira, 2003. v. e II.

STIGLITZ, Joseph E. Intellectual-property rights and wrongs. Disponível em http://www.dailytimes.com.pk/default.asp?page=story_16-8-2005_pg5_12. Acessado em 20/08/2005.

STRECK, Lenio Luiz. *Jurisdição constitucional e hermenêutica*. Porto Alegre: Livraria do Advogado, 2002.

WALDRON, Jeremy. From Authors to Copiers: Individual Rights and Social Values. In: Intellectual Property, 1993, p. 68. *Chicago-Kent Law Review*, p. 841-887.

WEBER, Thadeu. O Estado Ético. Porto Alegre. *Revista da Faculdade de Direito da PUCRS,* ano XXIV, v. 25, 2002/1.

WIJK, Lex Van. *Preparing patent departments for the intellectual capital era*. Alexandria/VA: les nouvelles, n. 3, v. XXXVI, p. 102/106. setembro de 2001.

WINKLER, Andréas. Intellectual Property and Competition and Antitrust Law – The European Perspective. Palestra ministrada no Congresso da Associação Interamericana de Propriedade Industrial, XII Sessão de Trabalhos e Conselho Administrativo. Punta del Este, hotel Conrad, 21 de novembro de 2005.

WIPO MAGAZINE. *Changing the international patent system.* Genebra: maio de 2002.

Impressão:
Evangraf
Rua Waldomiro Schapke, 77 - P. Alegre, RS
Fone: (51) 3336.2466 - Fax: (51) 3336.0422
E-mail: evangraf.adm@terra.com.br